****

ENGEL

aus

Bonn, Köln, Paris und Wien

in

50 Fotografien

****

Ein Fotobuch

von
Josef Mahlmeister

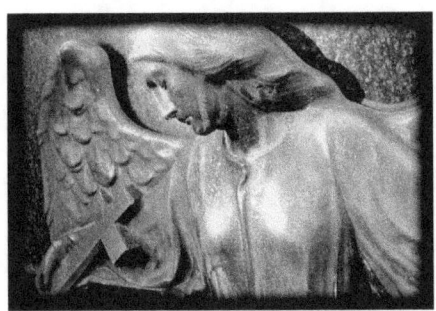

****

ENGEL

aus

Bonn, Köln, Paris und Wien

in

50 Fotografien

****

Ein Fotobuch

von
Josef Mahlmeister

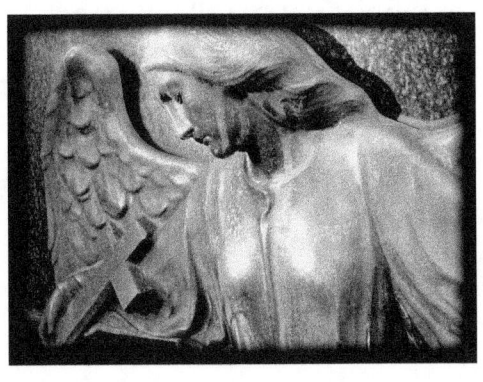

Bibliografische Information der Deutschen Nationalbibliothek:

Die Deutsche Nationalbibliothek verzeichnet diese Publikation
in der Deutschen Nationalbibliografie;
detaillierte bibliografische Daten sind im Internet über
http://dnb.d-nb.de
abrufbar.

Erste Auflage – Köln 2014

Gestaltung: Palabros de Cologne ®
Unter Verwendung des
Cover Creator von CreateSpace ©

CreateSpace, Charleston SC
Druck: Daten sind auf letzter Seite

ISBN-13: 978-1-499-20515-2

ISBN-10: 1499205155

*Literatur-Agenten und Verleger,
die sich für eine Druckfassung interessieren,
dürfen sich mit dem Autor in Verbindung setzen!*

Zwei
Widmungen:

In Anerkennung, Bewunderung
und
Würdigung der großen Verdienste
zum Thema

* ENGEL *

für die große Fotografin

Isolde Ohlbaum

**sowie
für den großen französischen Erzähler**

Pierre Gripari
(Père-Lachaise, Paris)

R.I.P.

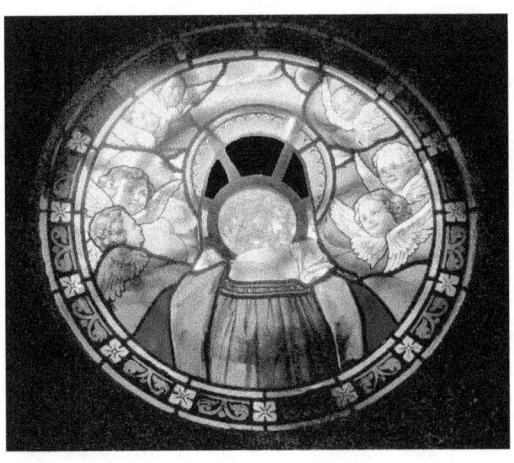

INHALT

****

VORWORT

****

ENGEL
Sie sind immer einen Moment der Betrachtung wert!

ENGEL
*Egal ob als Schutzengel oder in Gestalt von realen
Begegnungen, immer sind es große Augenblicke,
die unvergesslich werden
oder gar unseren weiteren
Lebensweg bestimmen.*

ENGEL
*Sie sind und bleiben immer
etwas ganz Besonderes.*

ENGEL
*Sie wurden hier in einer Auswahl
zusammen gestellt, die es so
noch nicht gab.*

*Hoffentlich auch zur Freude
Jeden Betrachters + jeder Betrachterin!*

*Wenn Euch/ Ihnen liebe LeserInnen diese Ergebnisse
gefallen,
freue ich mich daher sehr über ein paar Zeilen
bei Amazon.*

*Vielen Dank und viel Freude beim Betrachten
Und selber Entdecken, wünscht*

Euer

Josef
Mahlmeister

*

**Alle Fotos
hier
wurden von**

**Josef
Mahlmeister**

**in Bonn, Köln, Paris und Wien,
fotografiert
und
für dieses Buch
erstmals
veröffentlicht!**

*

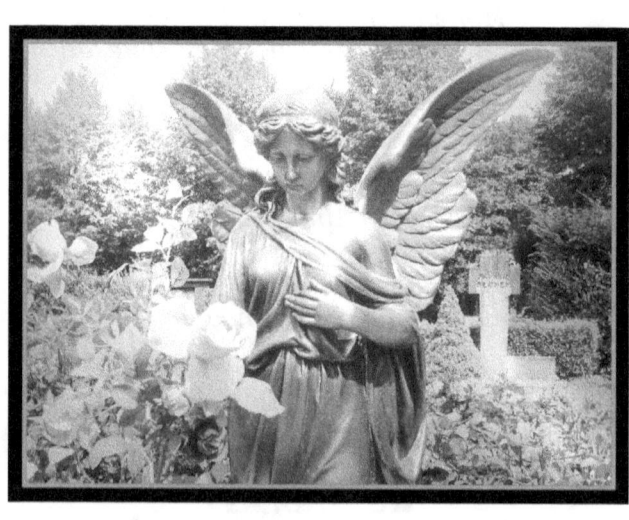

Danke!

* | * | * | * | *

Und was ich noch sagen wollte:

Danke!

Für Euer / Ihr Verständnis, dass die Bilder nicht alle perfekt oder aus jeder Hinsicht scharf geworden sind.

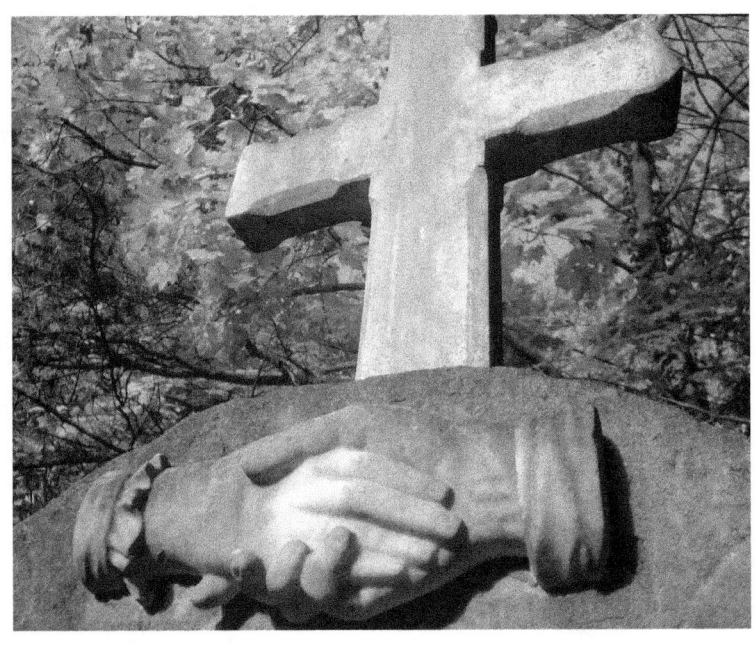

BONN

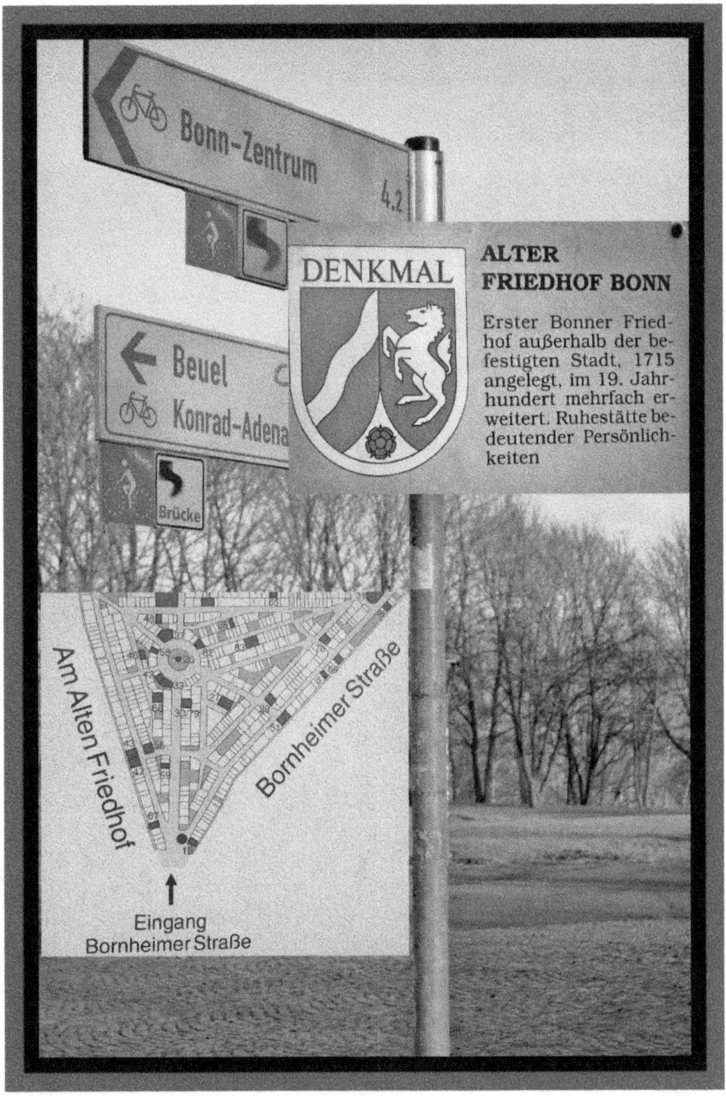

◆◇◆

Bonn-Zentrum
4.2

← Beuel
Konrad-Adena
Brücke

DENKMAL

ALTER FRIEDHOF BONN

Erster Bonner Friedhof außerhalb der befestigten Stadt, 1715 angelegt, im 19. Jahrhundert mehrfach erweitert. Ruhestätte bedeutender Persönlichkeiten

Am Alten Friedhof
Bornheimer Straße

↑
Eingang
Bornheimer Straße

1. Bonner Engel

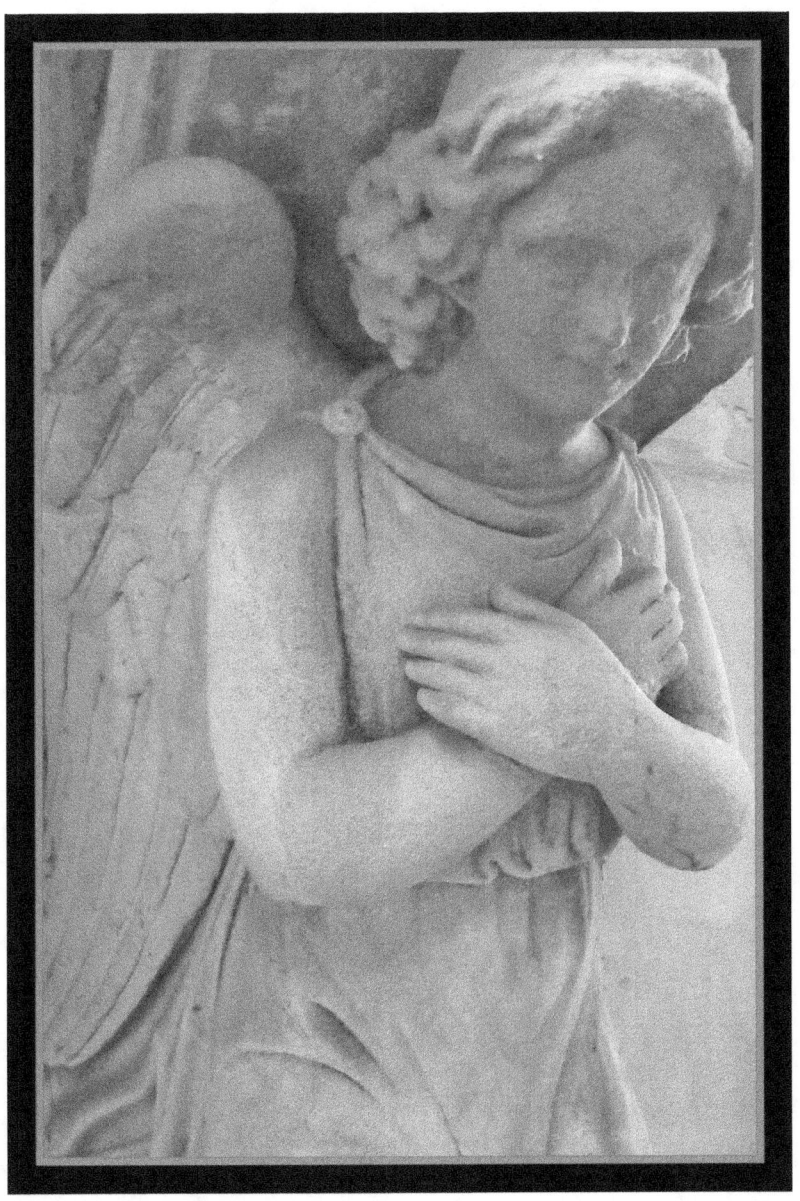

2. Bonner Engel

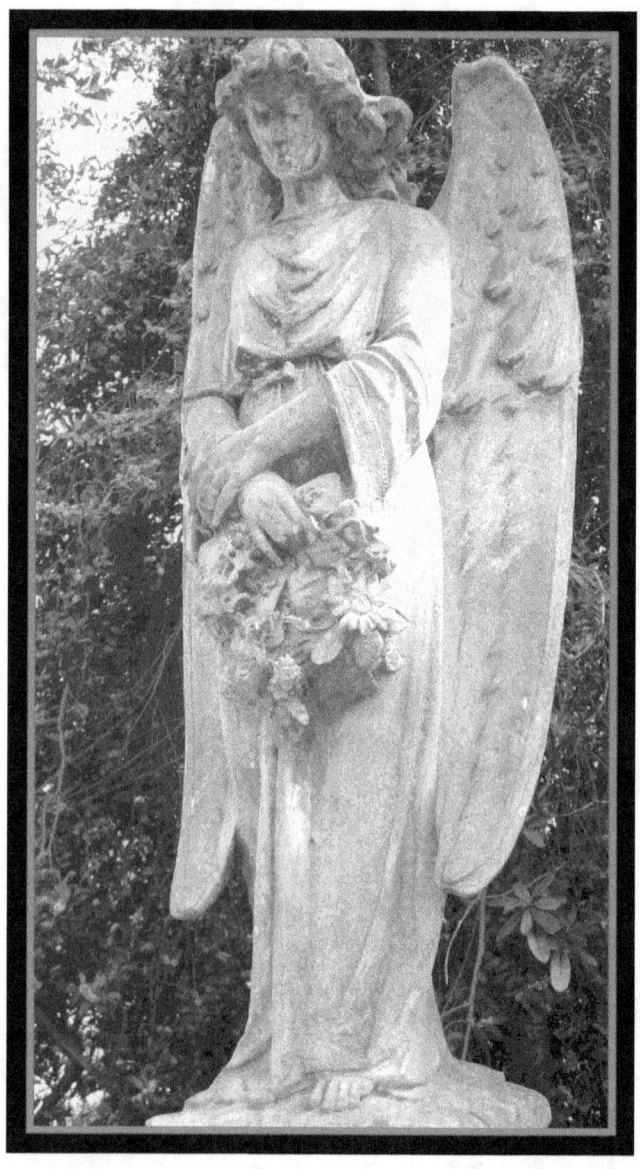

3. Bonner Engel

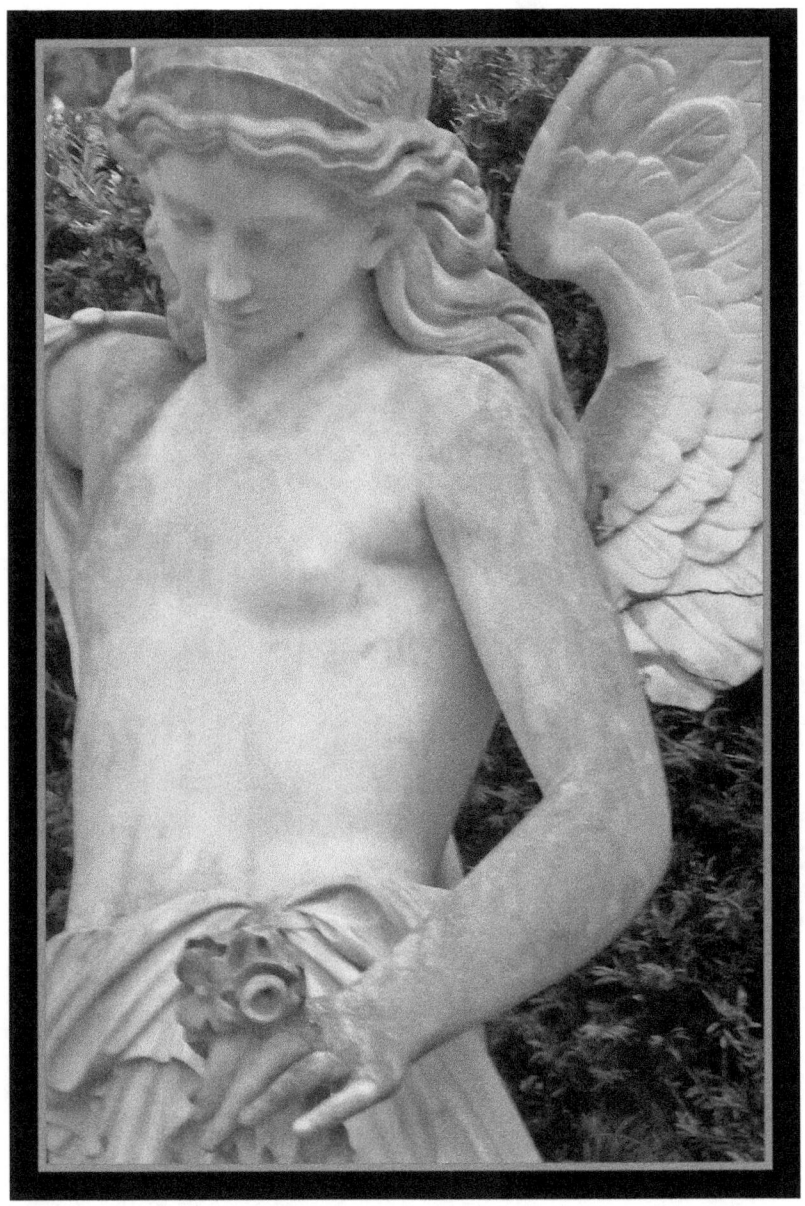

4. Bonner Engel

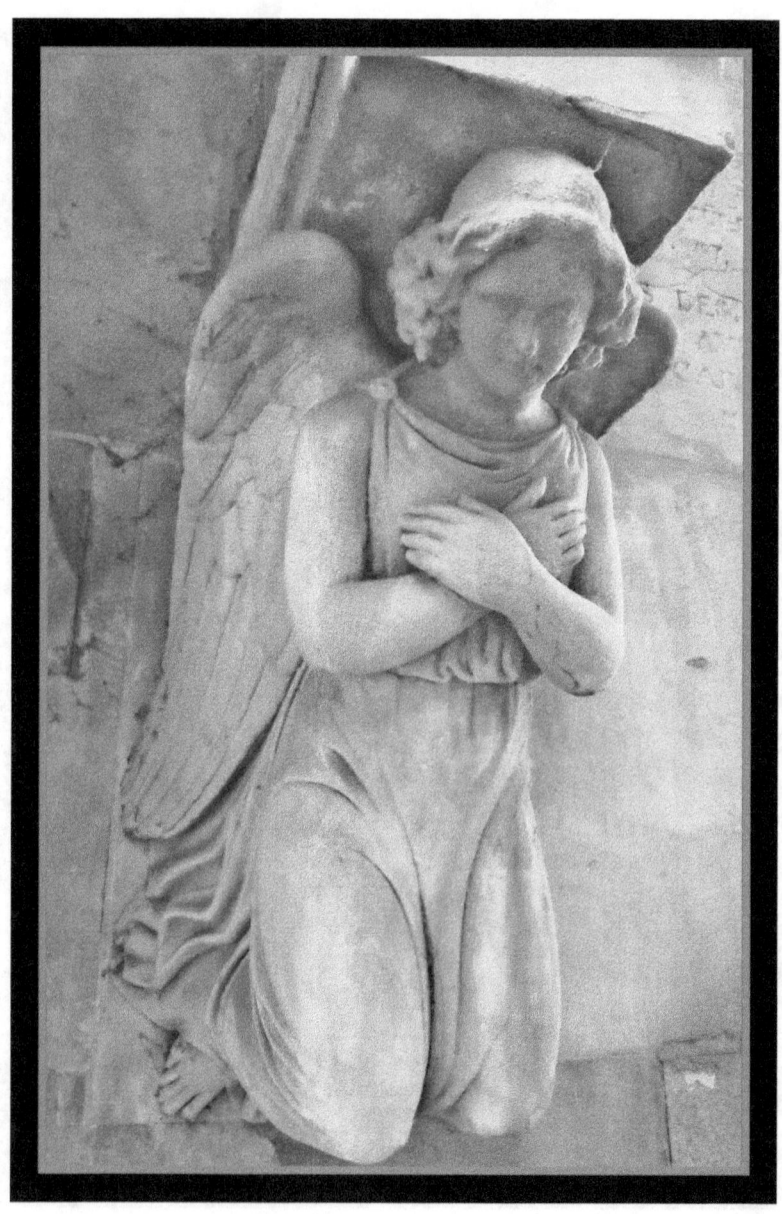

5. Bonner Engel

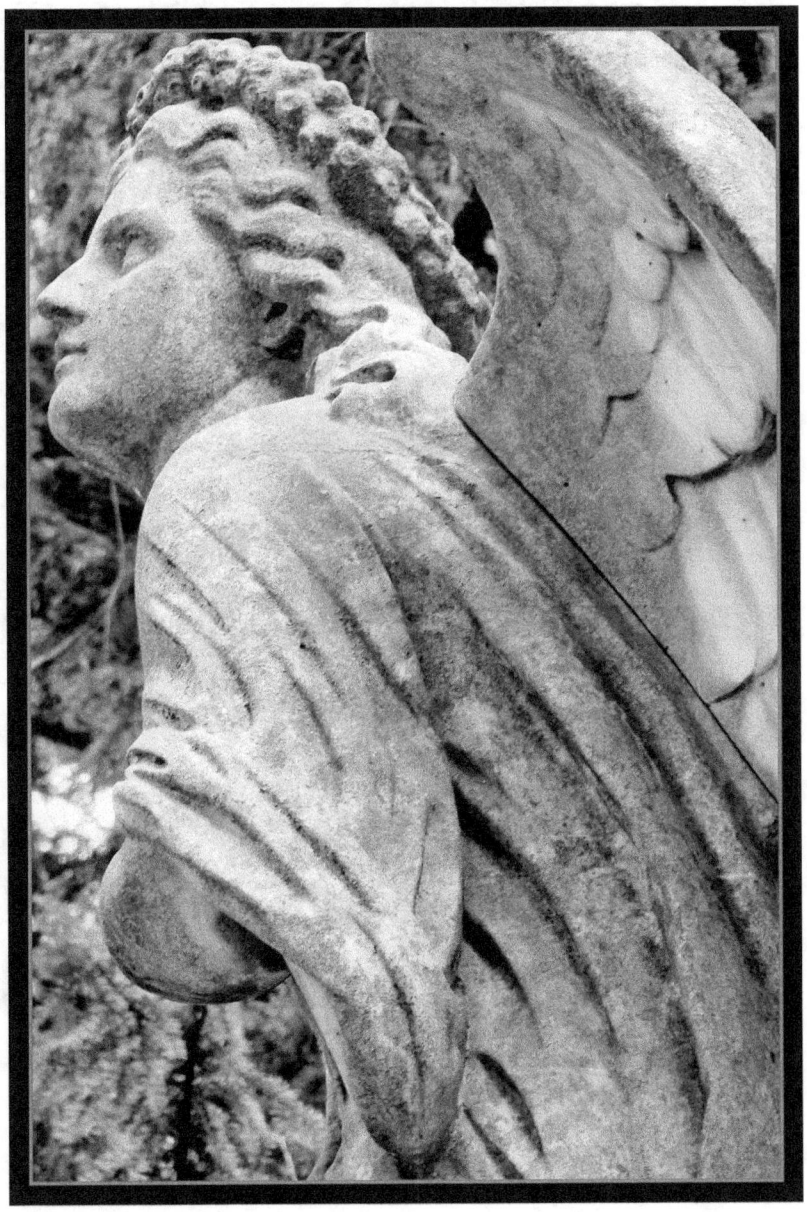

6. Bonner Engel

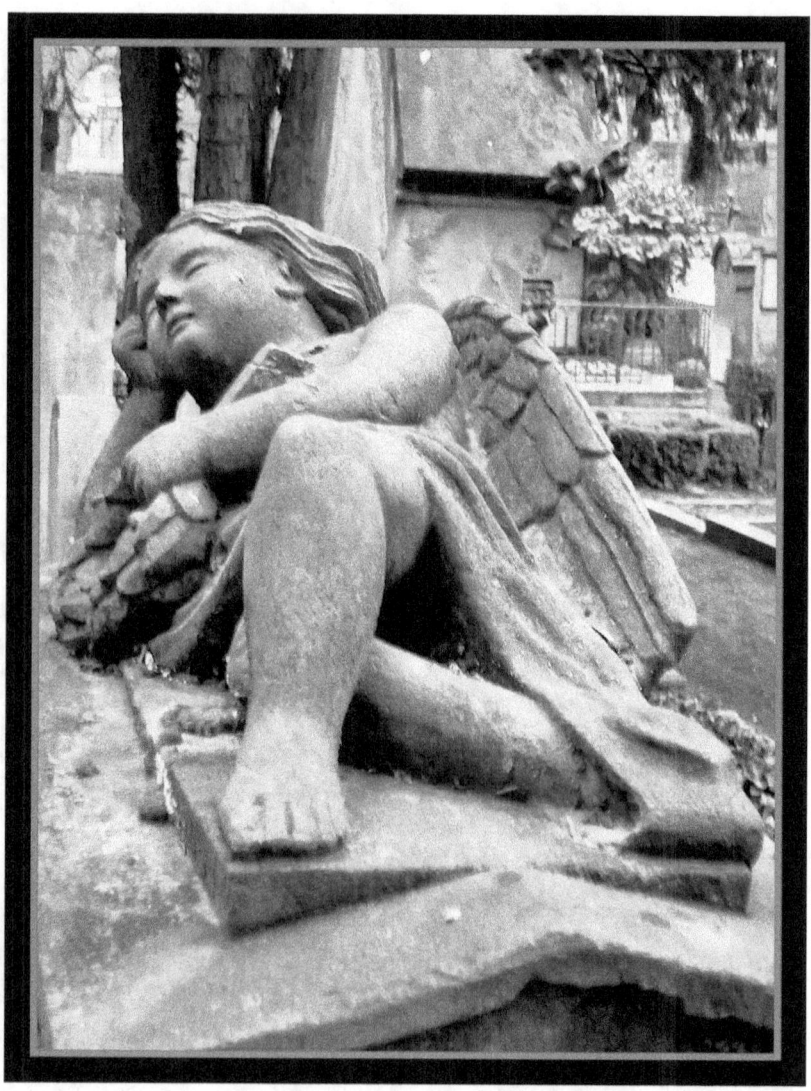

7. Bonner Engel

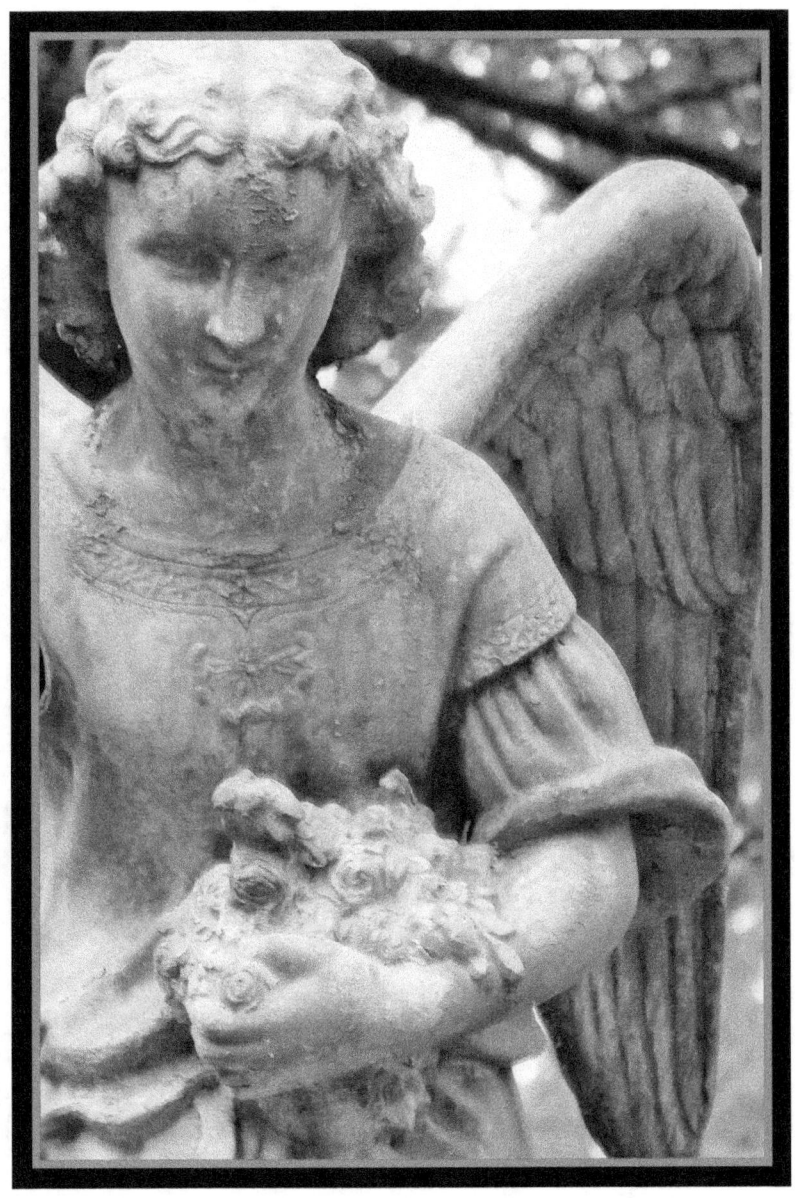

8. Bonner Engel

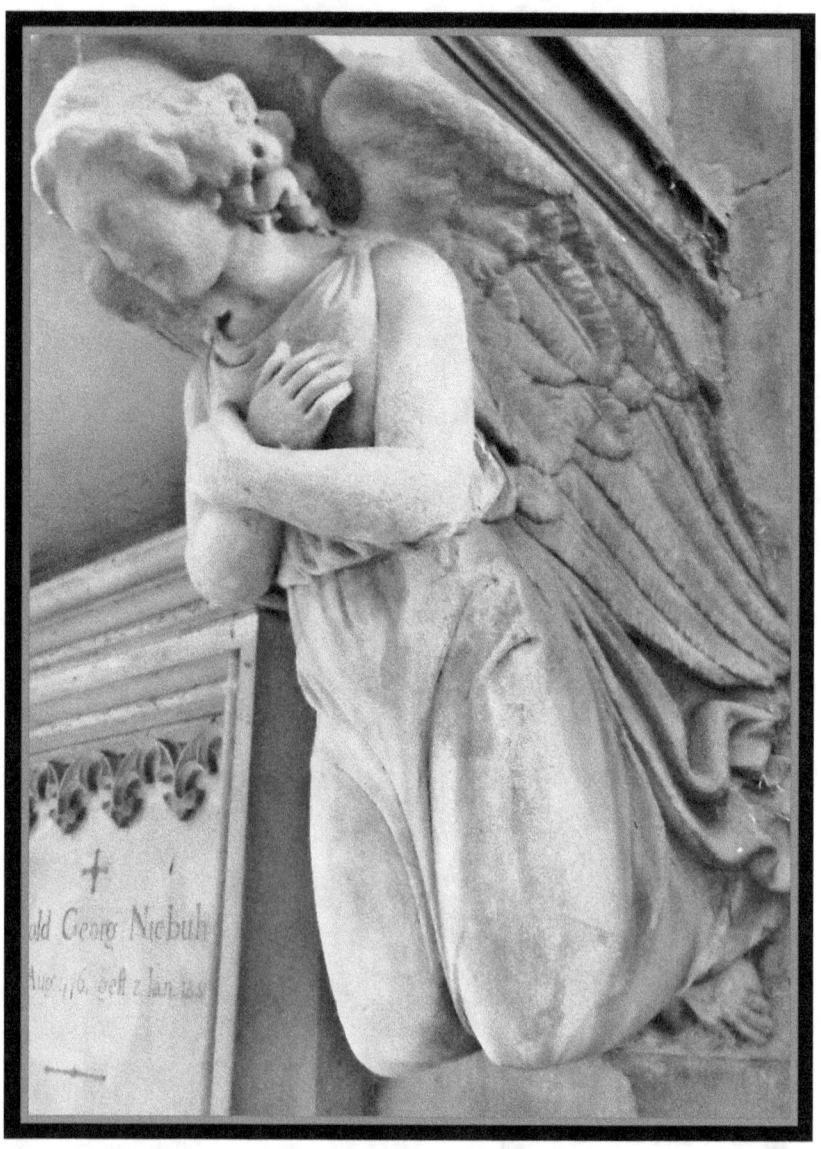

9. Bonner Engel

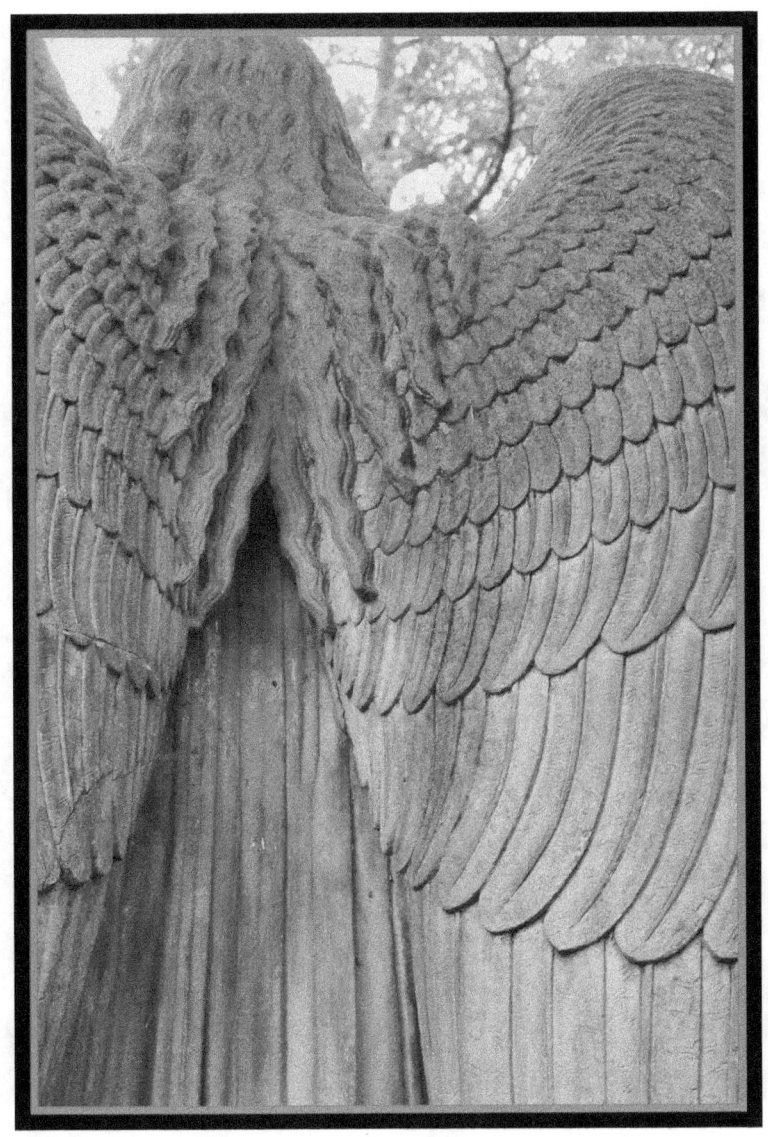

10. Bonner Engel

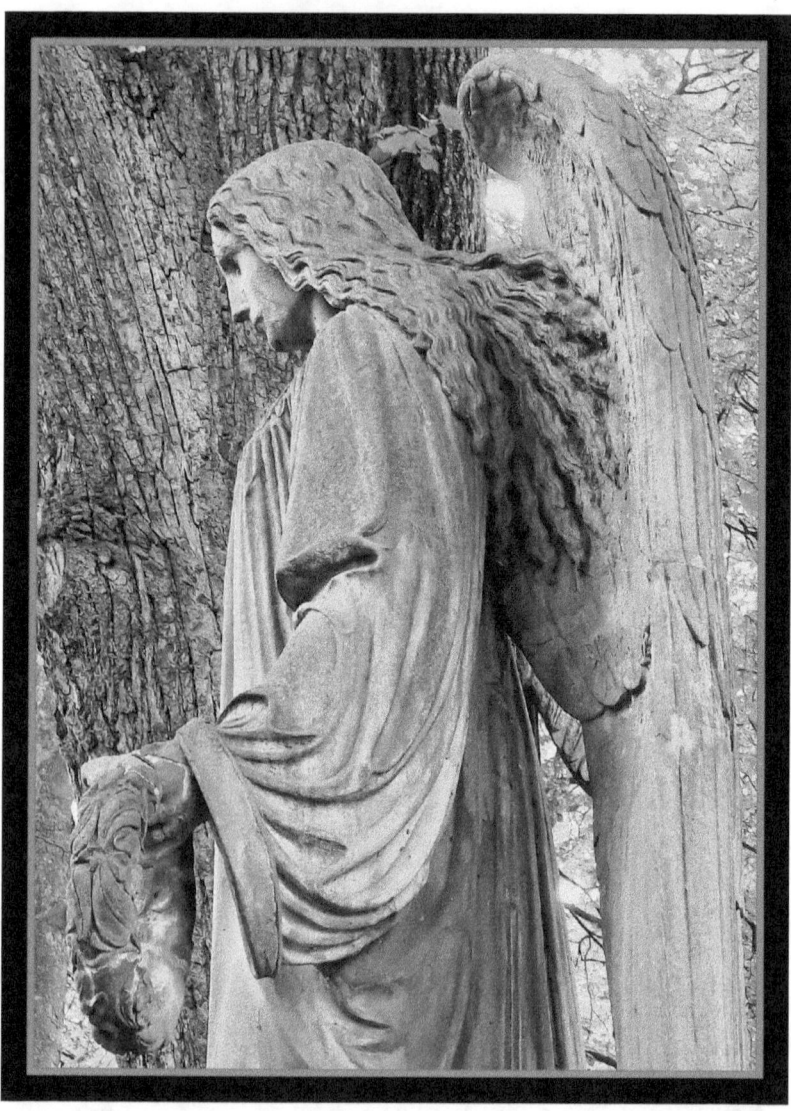

11. Bonner Engel

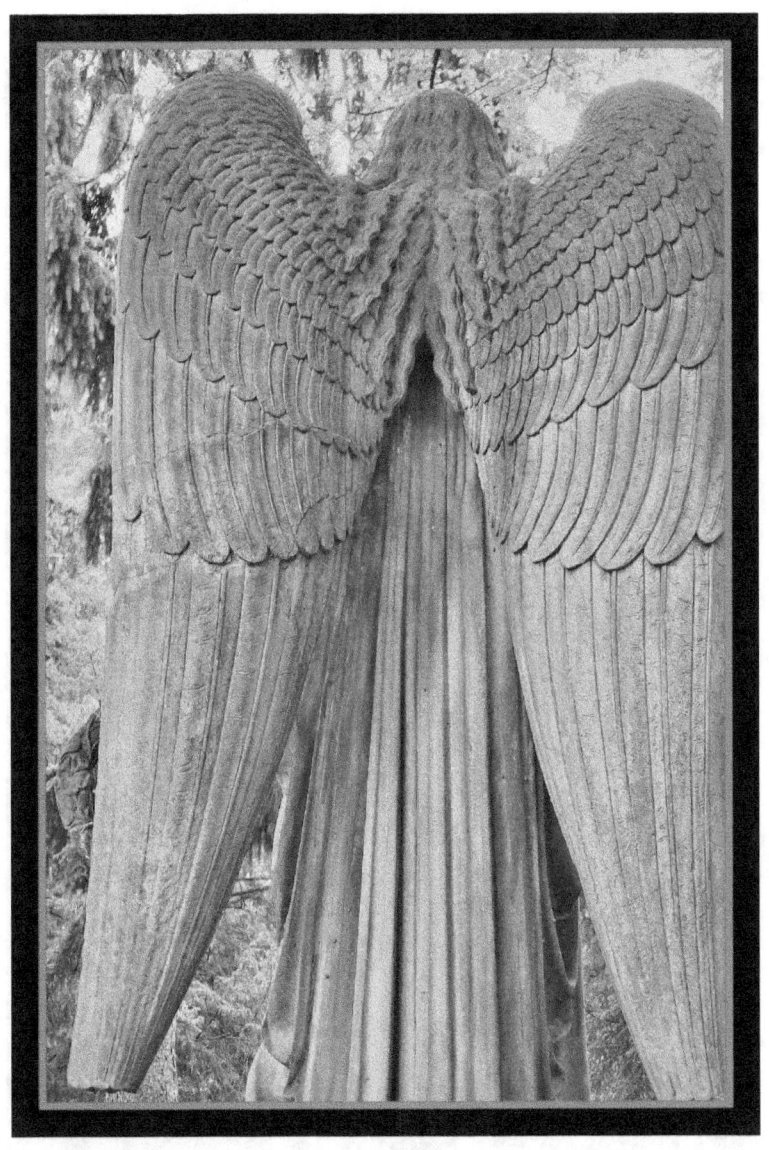

12. Bonner Engel

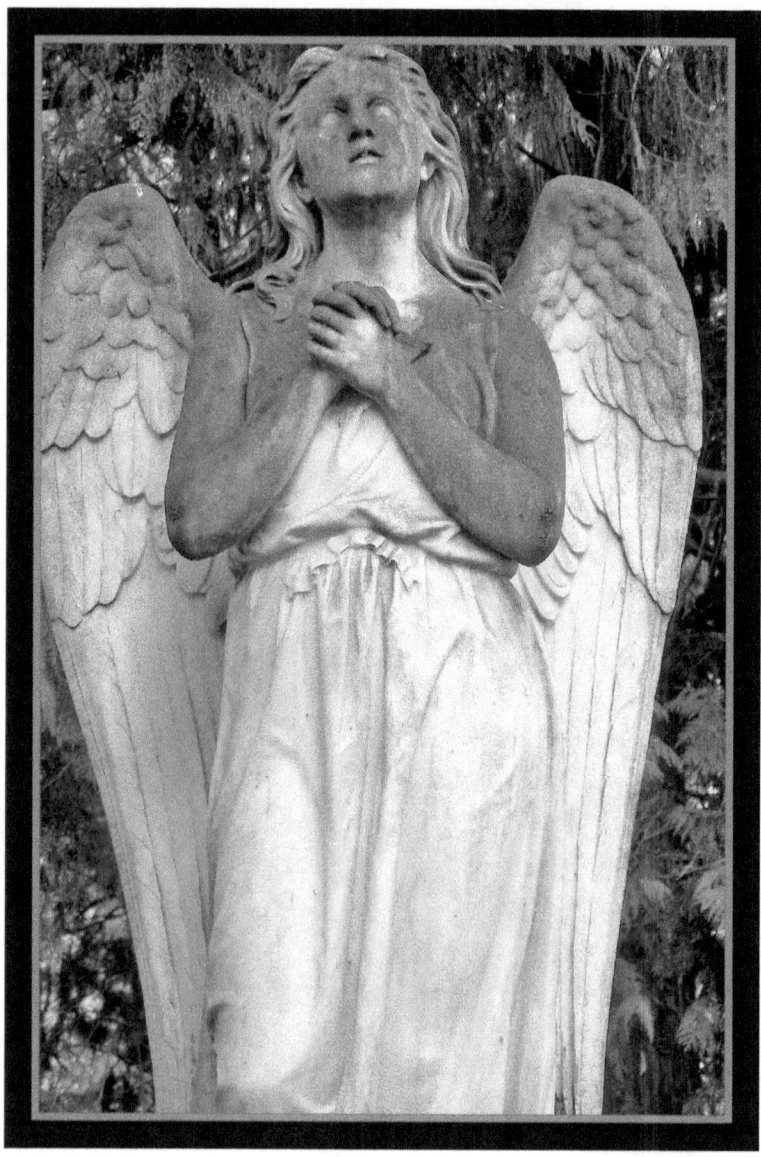

13. Bonner Engel

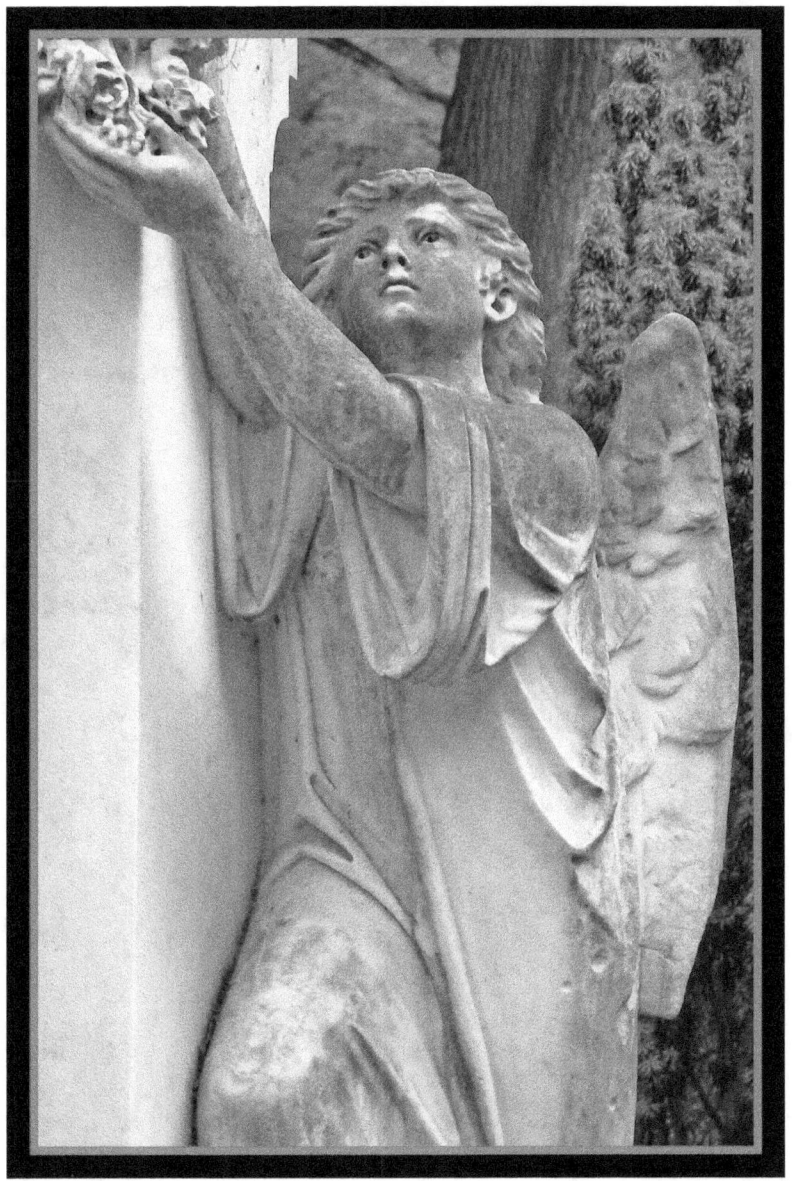

14. Bonner Engel

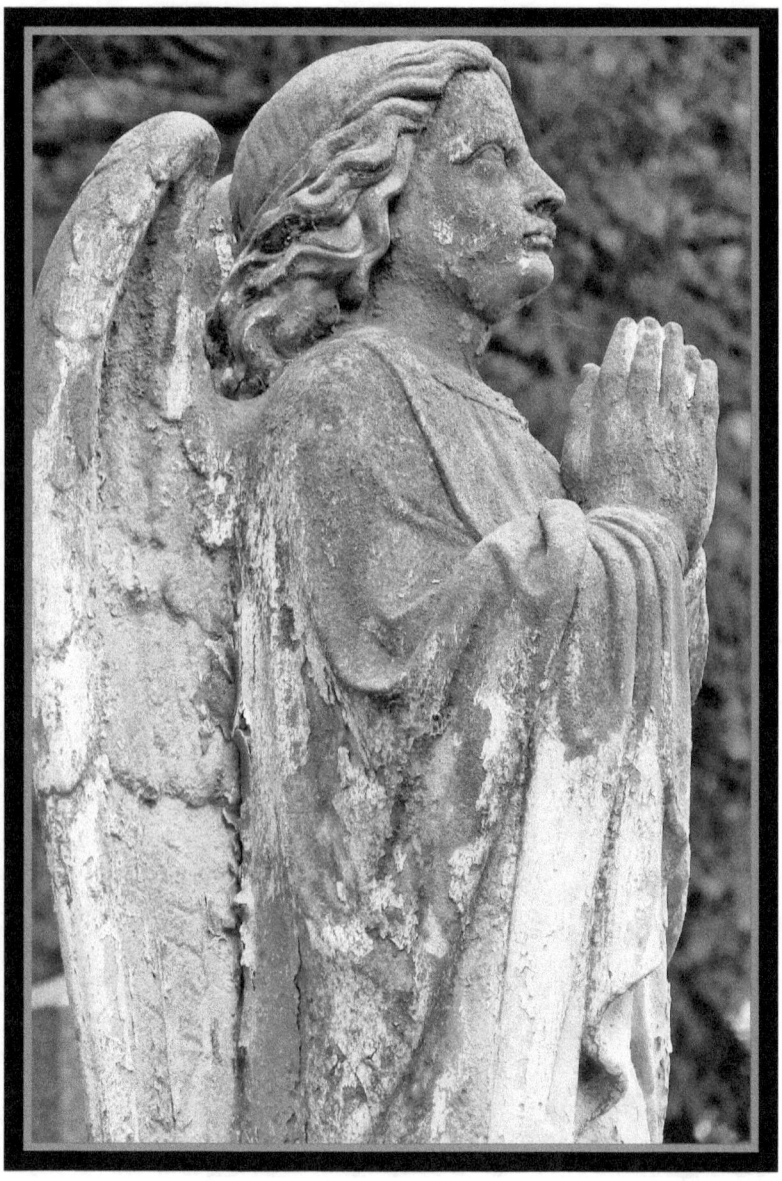

15. Bonner Engel

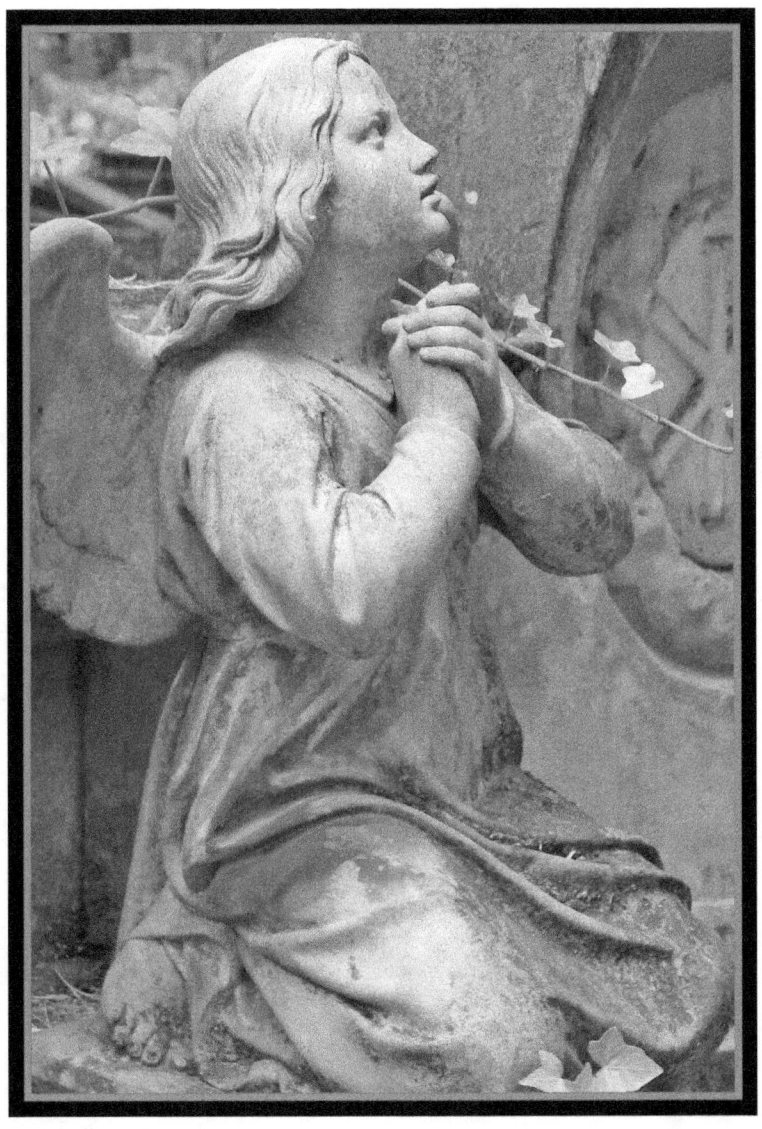

KÖLN

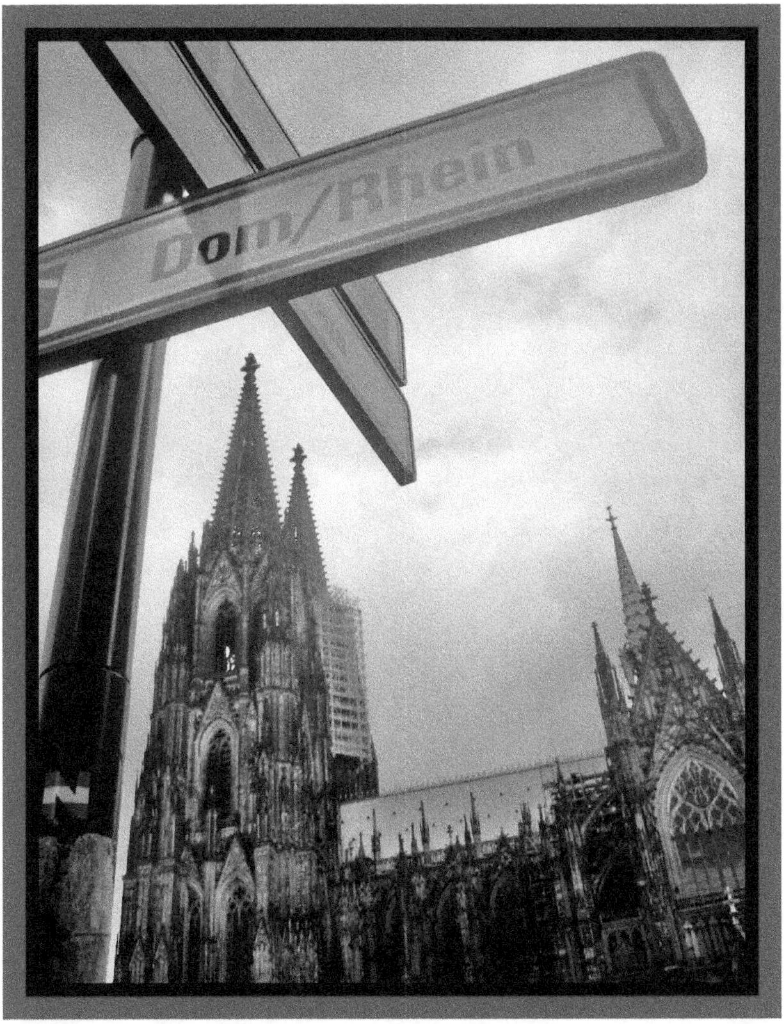

◆ ◆ ◆

16. Kölner Engel

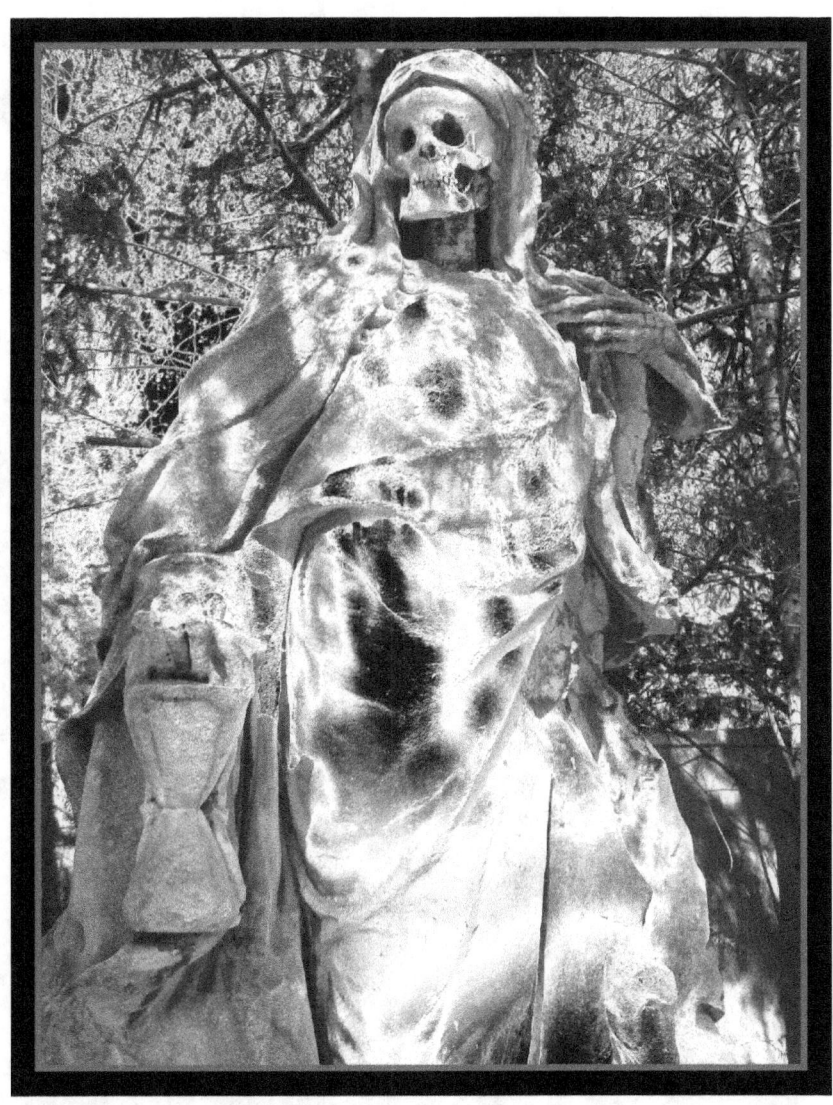

17. Kölner Engel

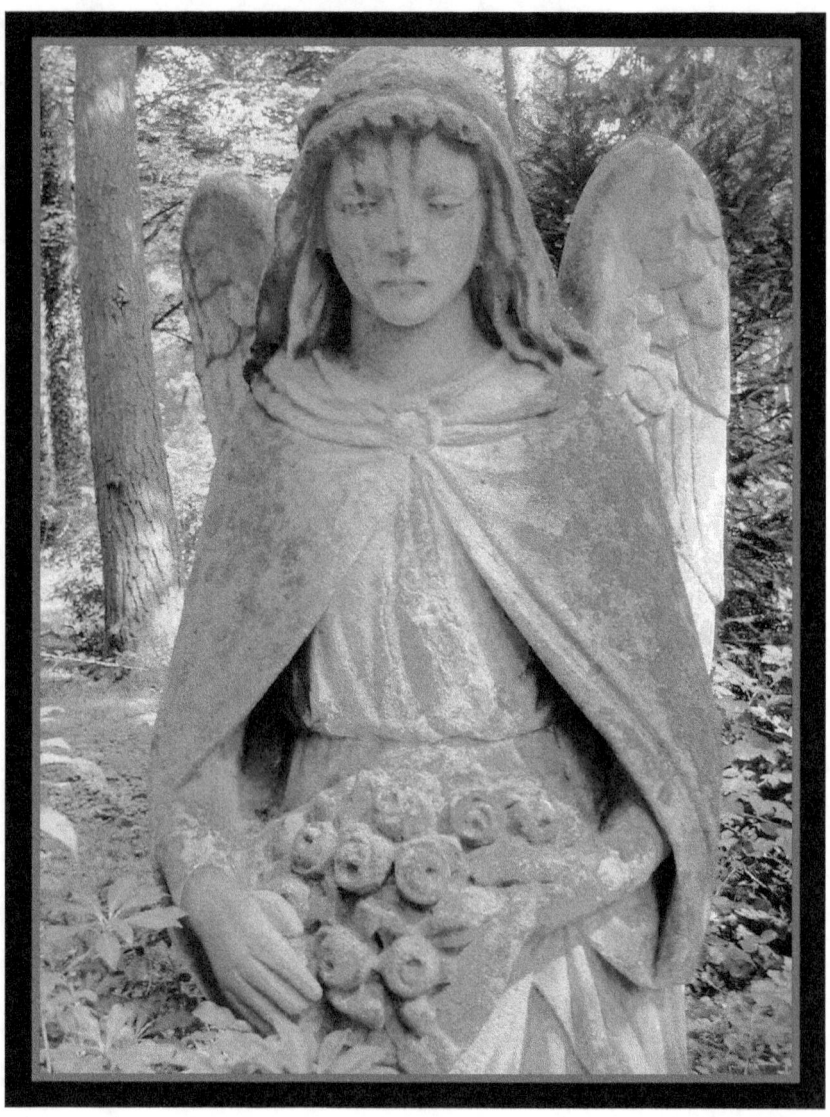

18. Kölner Engel

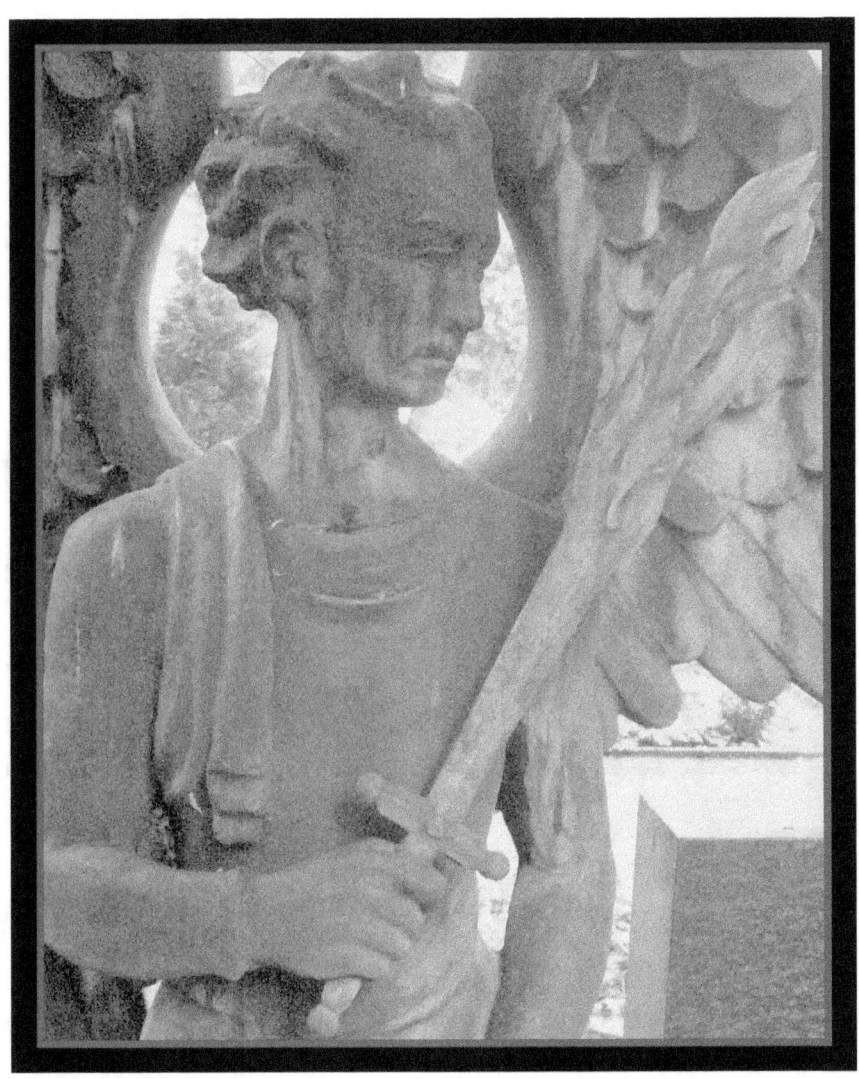

19. Kölner Engel

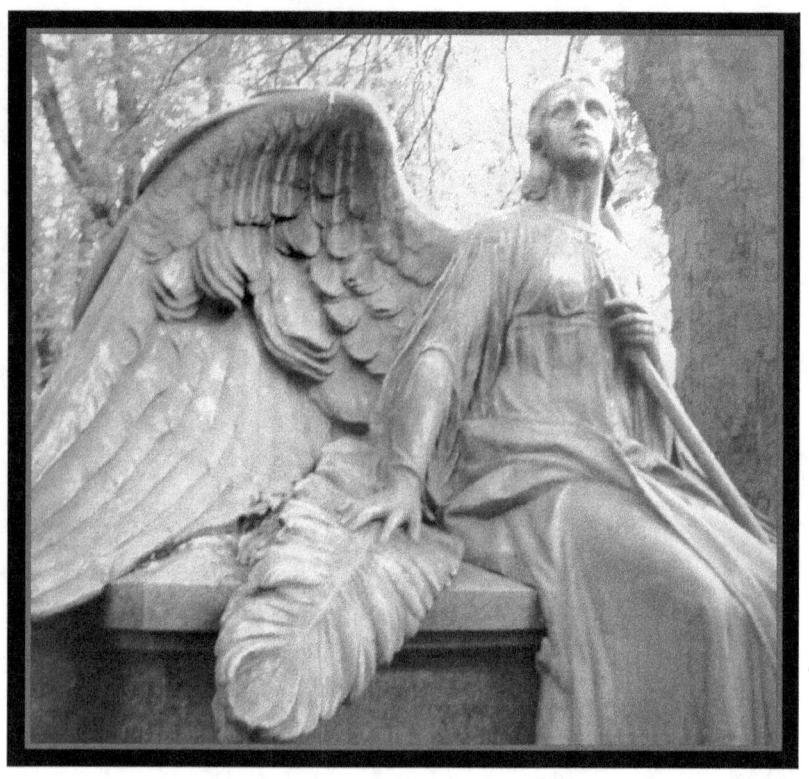

20. Kölner Engel

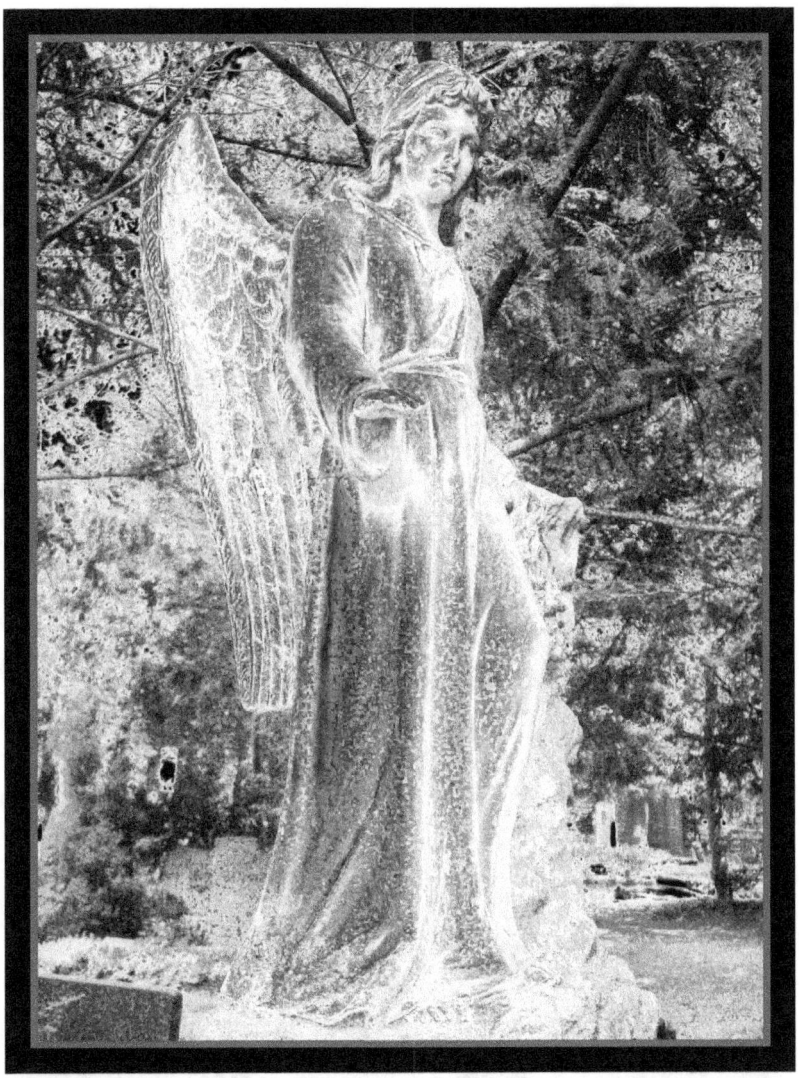

21. Kölner Engel

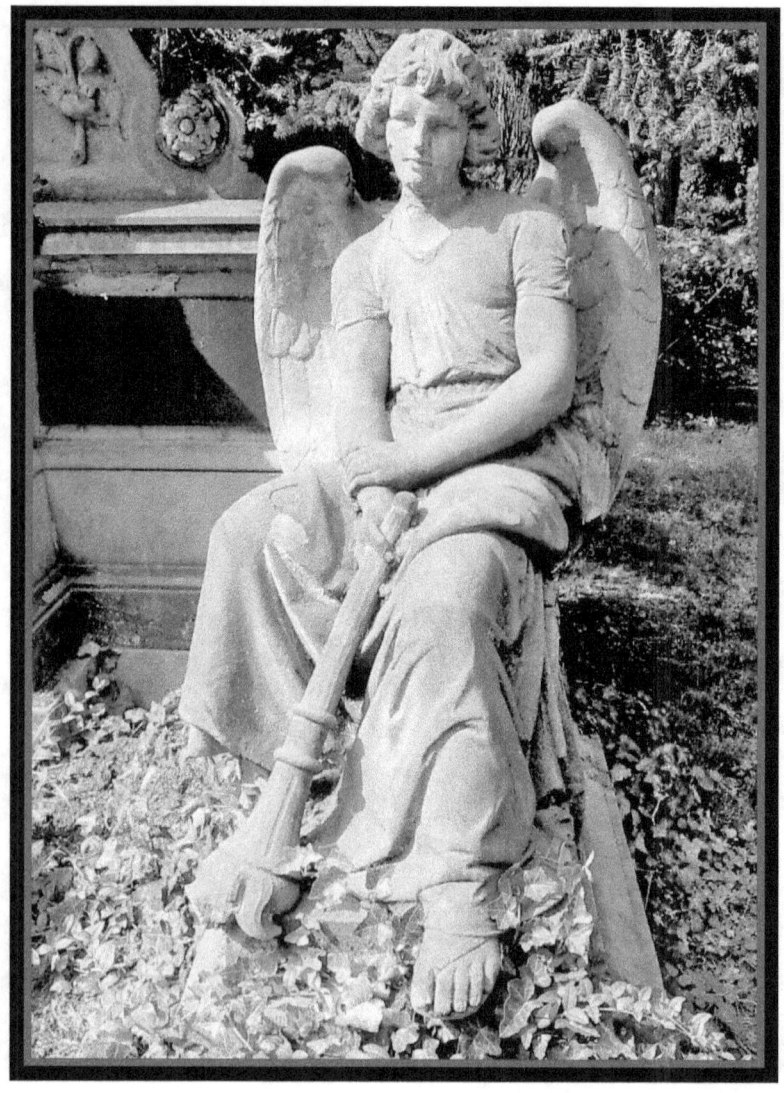

22. Kölner Engel

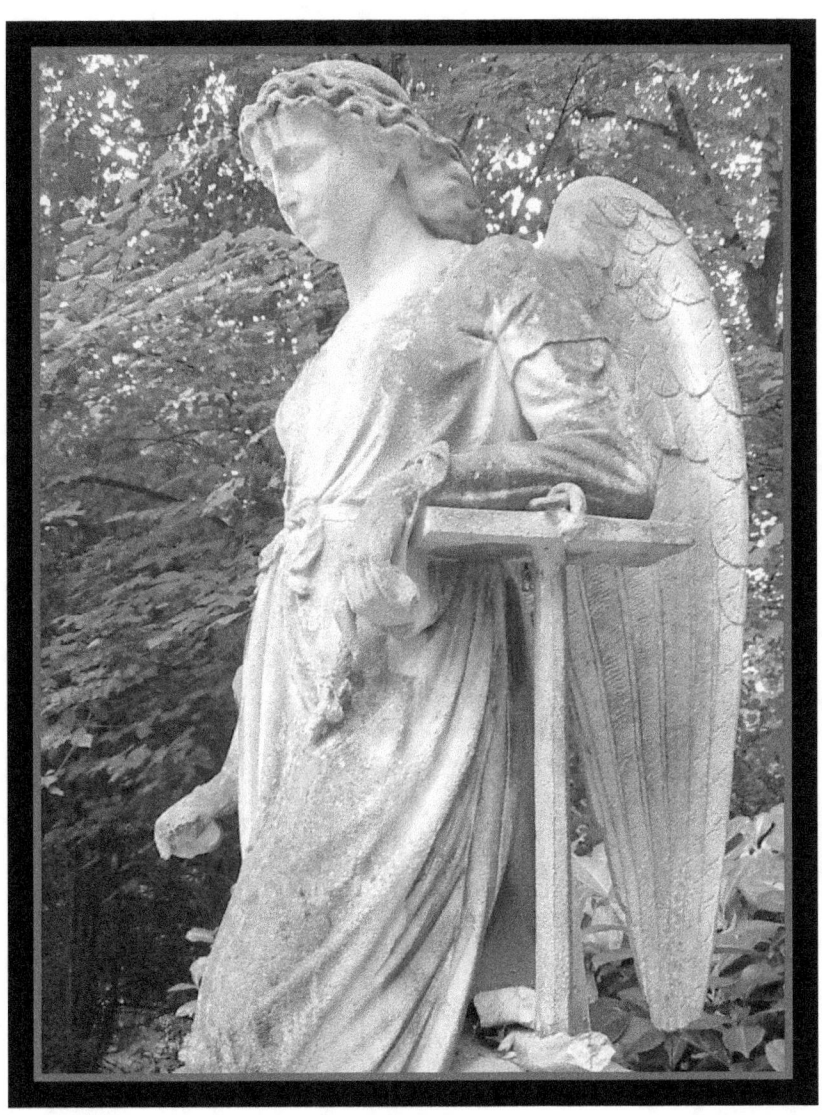

23. Kölner Engel

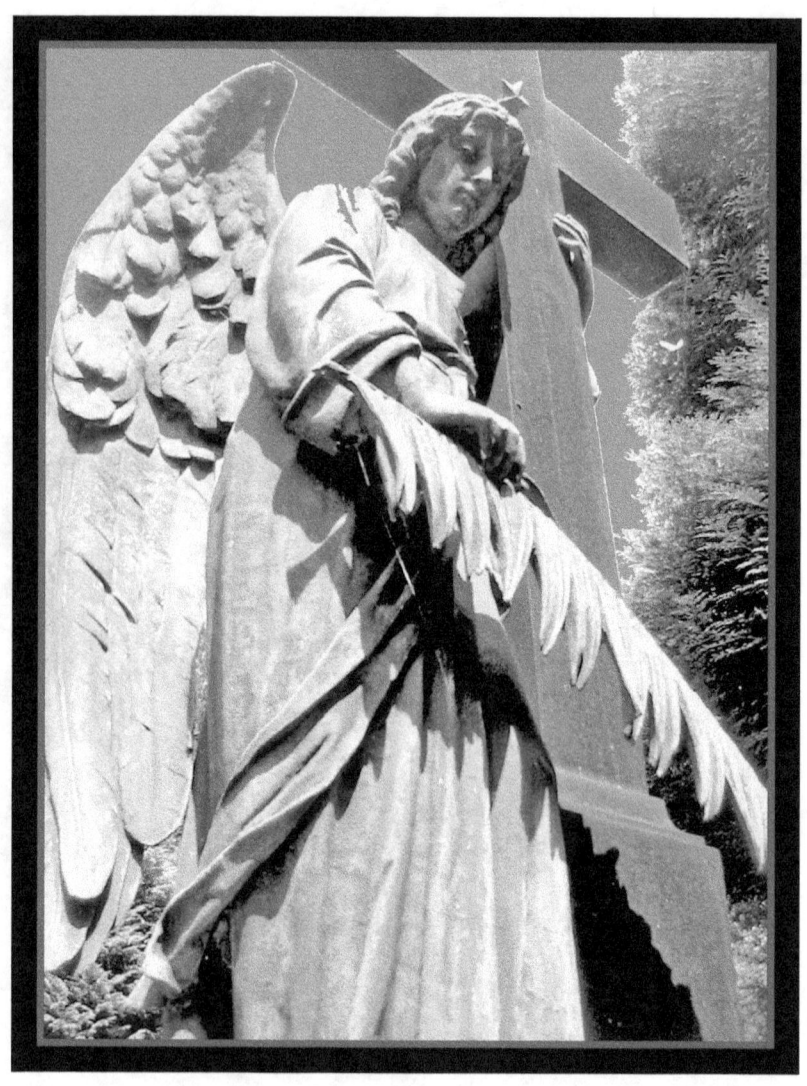

24. Kölner Engel

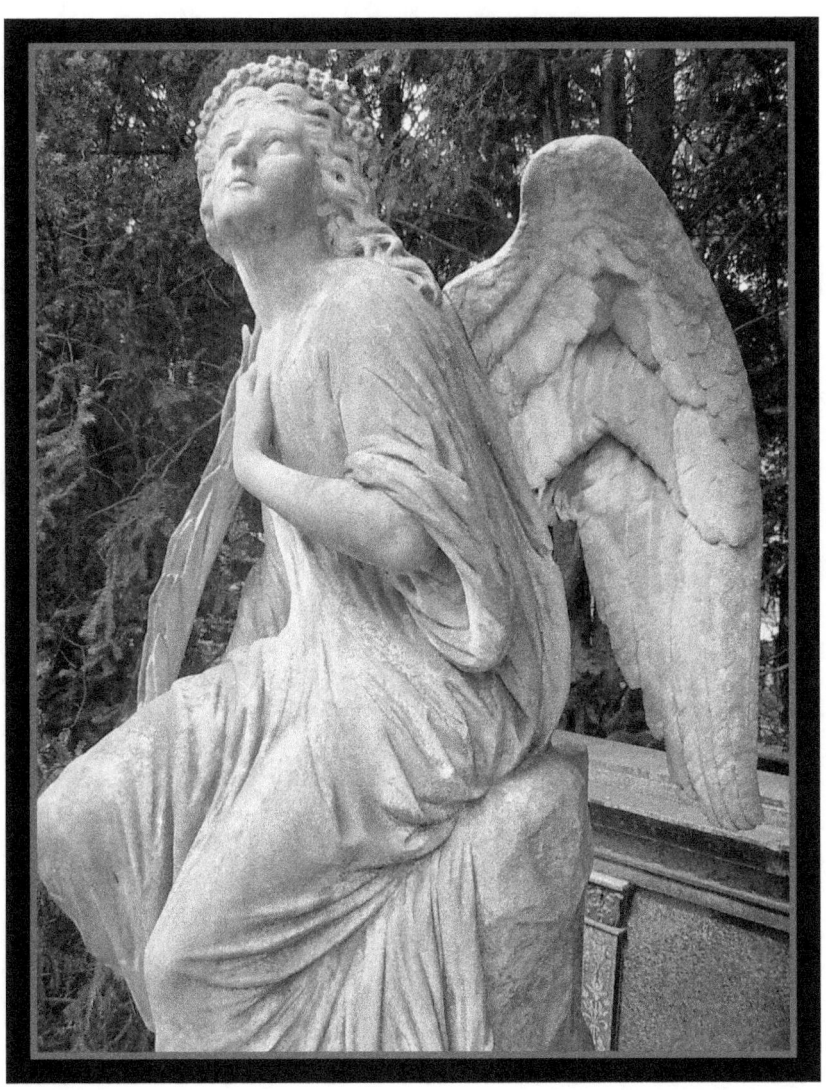

25. Kölner Engel

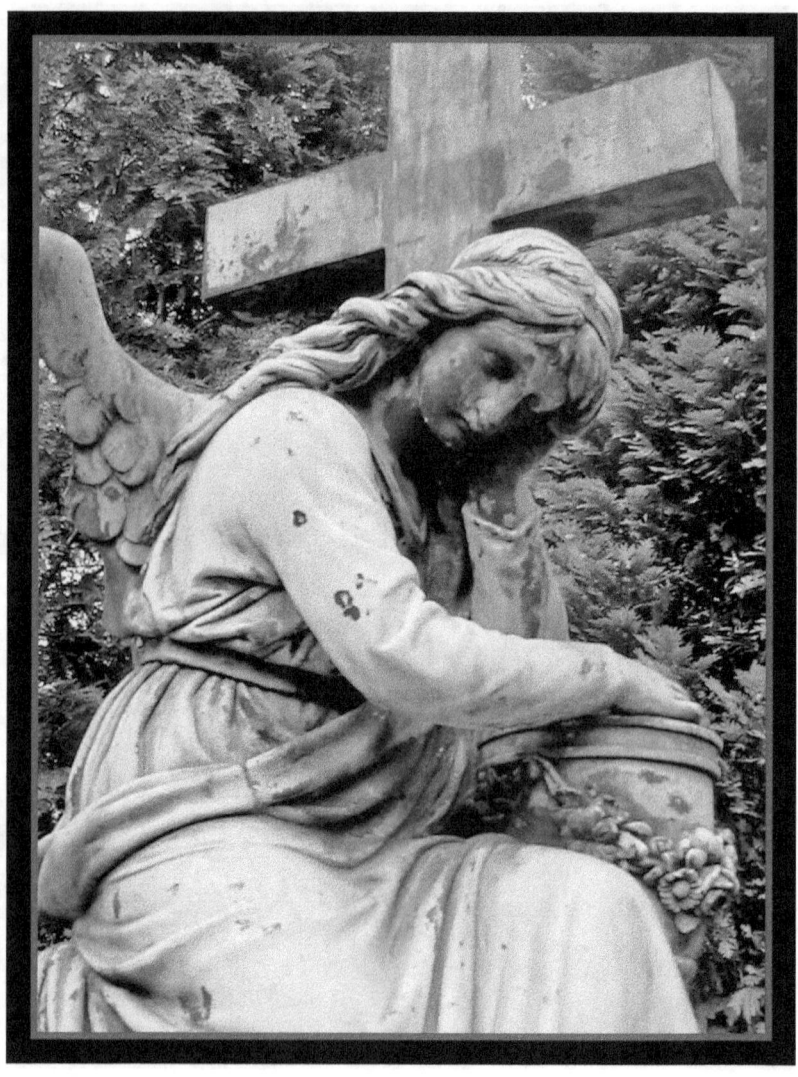

26. Kölner Engel

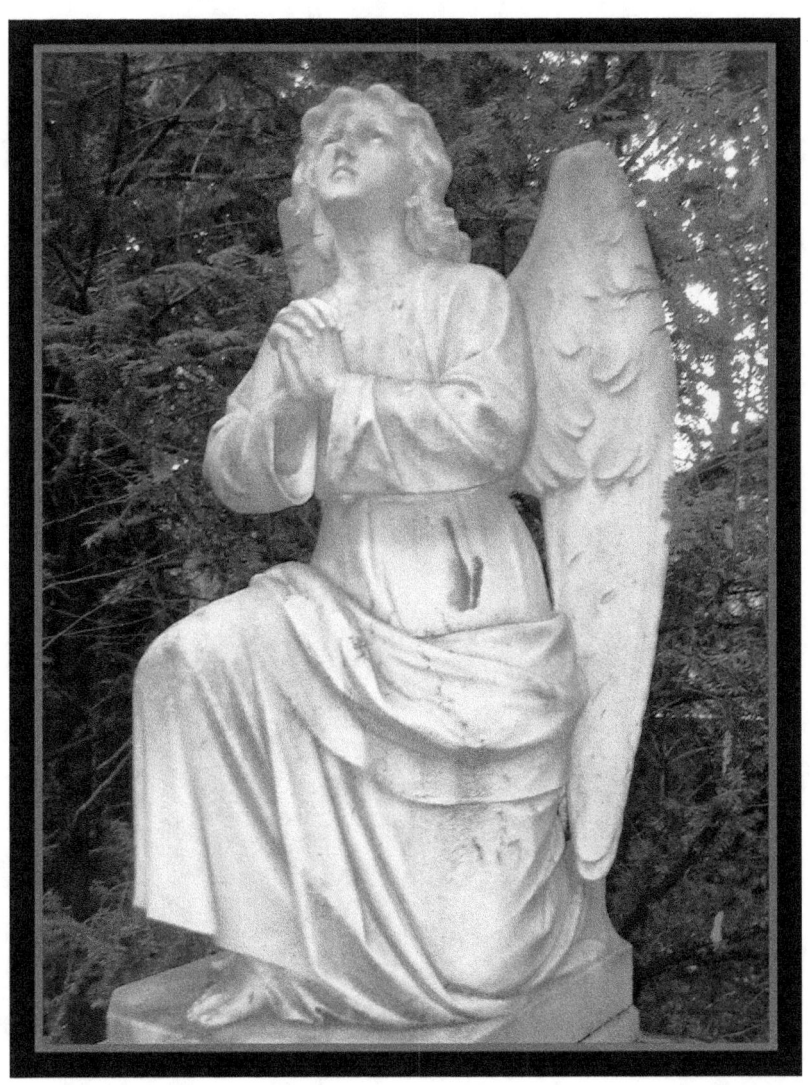

27. Kölner Engel

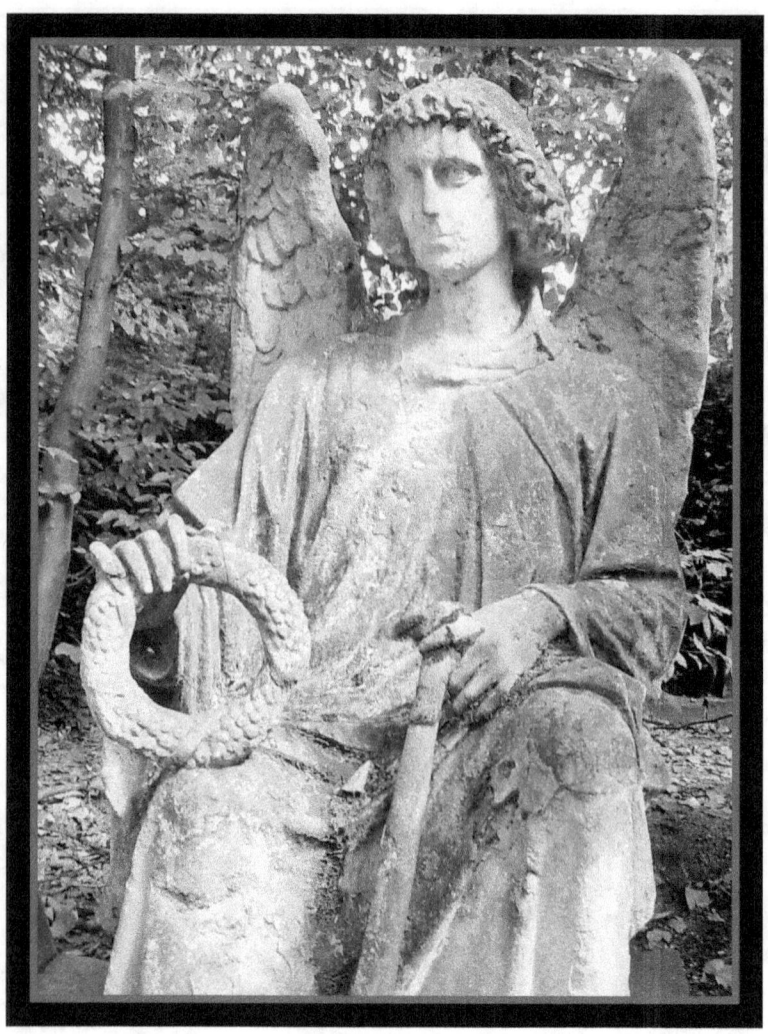

28. Kölner Engel

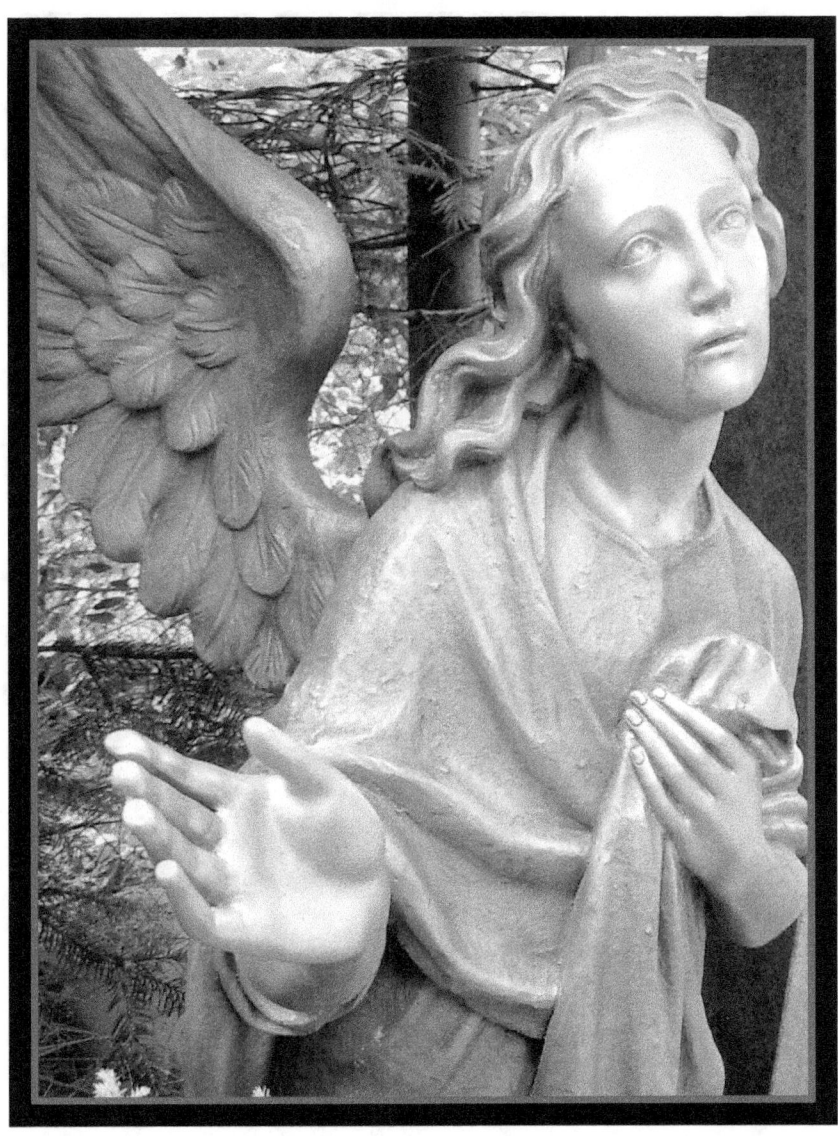

29. Kölner Engel

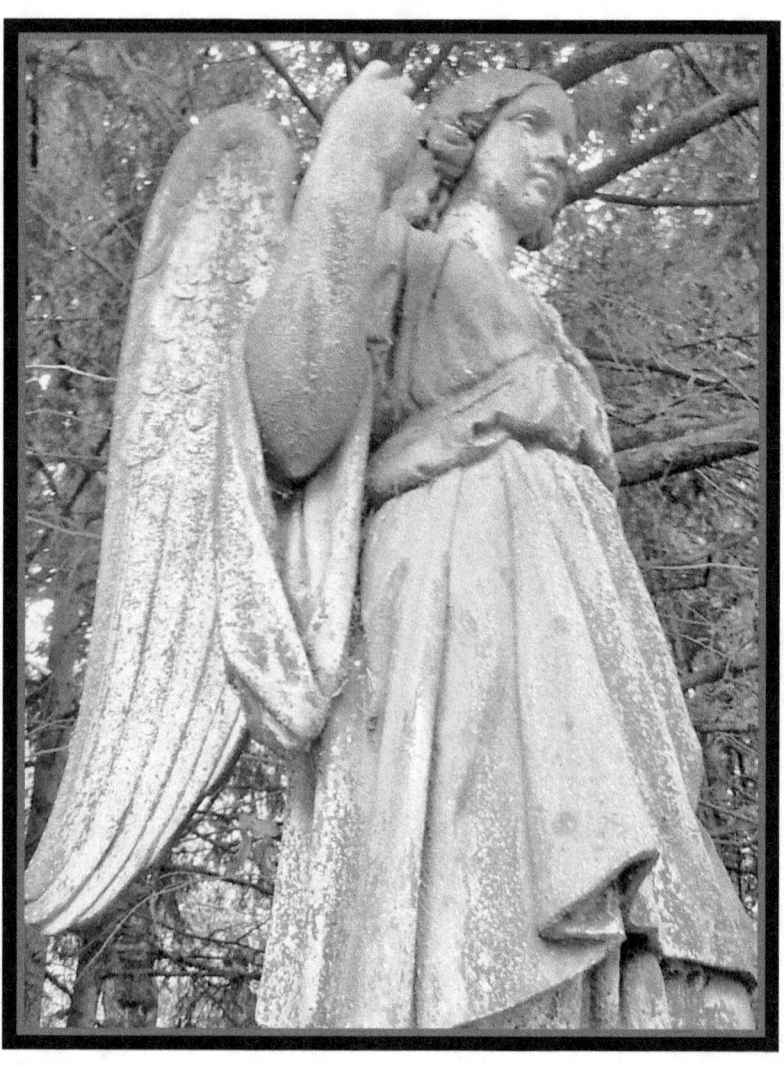

30. Kölner Engel

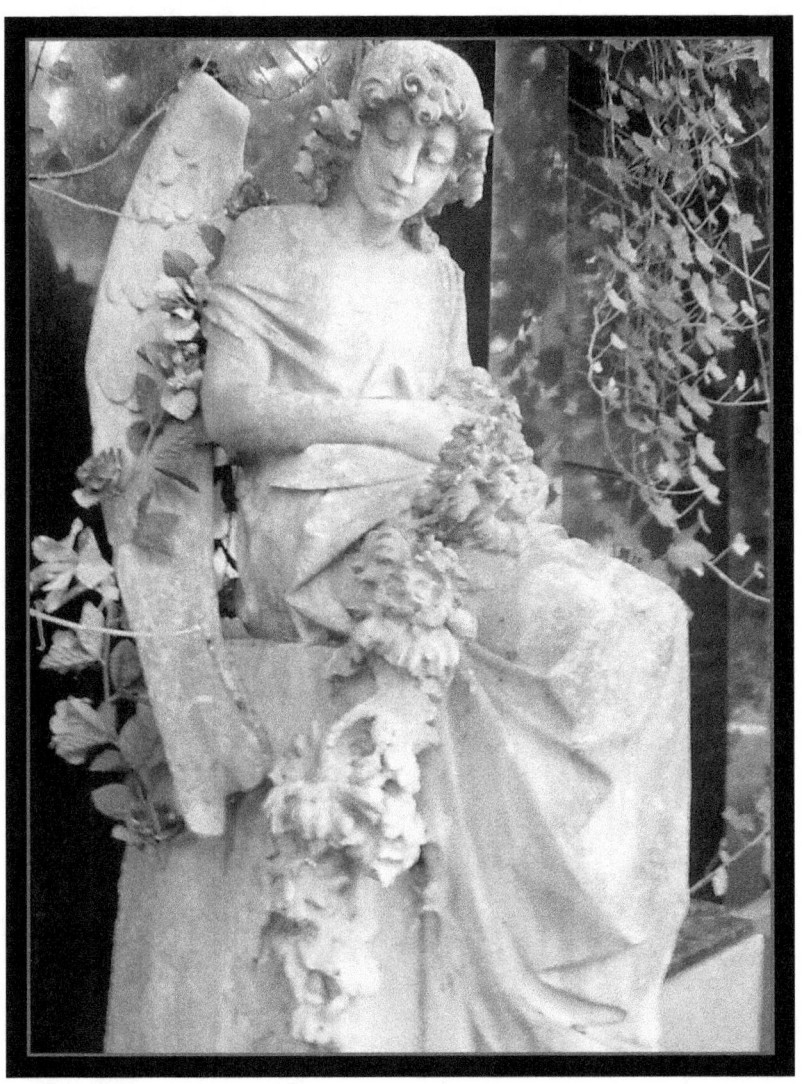

PARIS

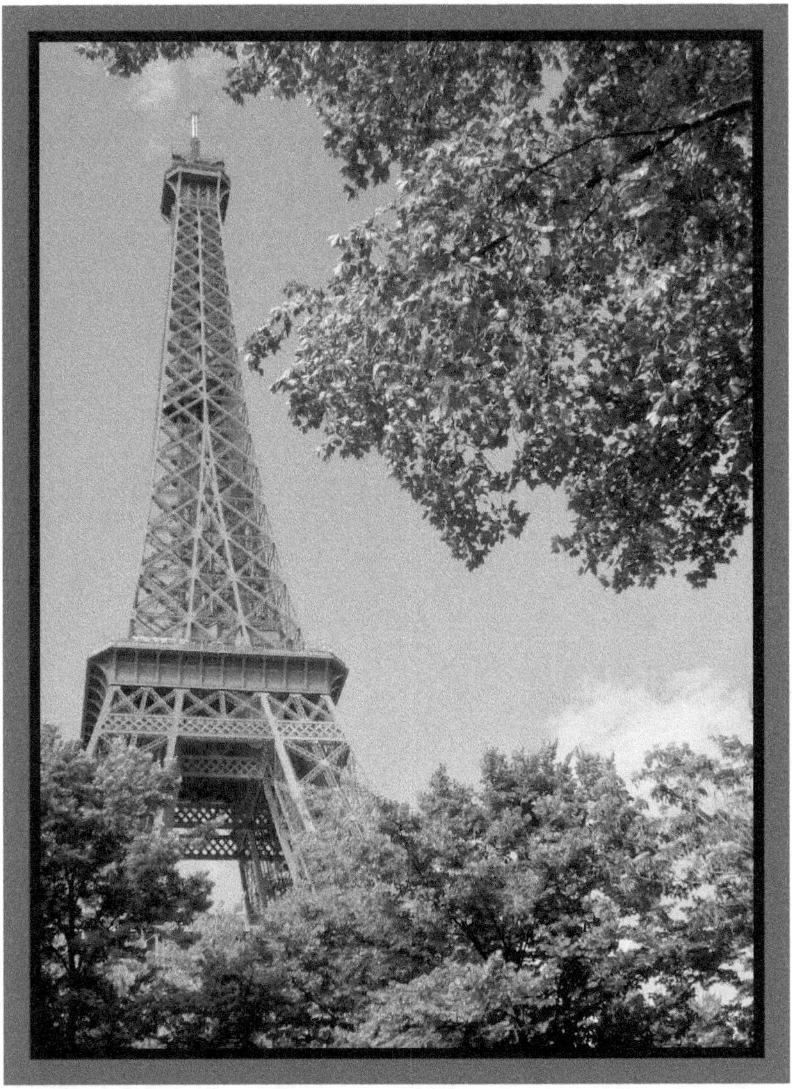

Paris – Montparnasse

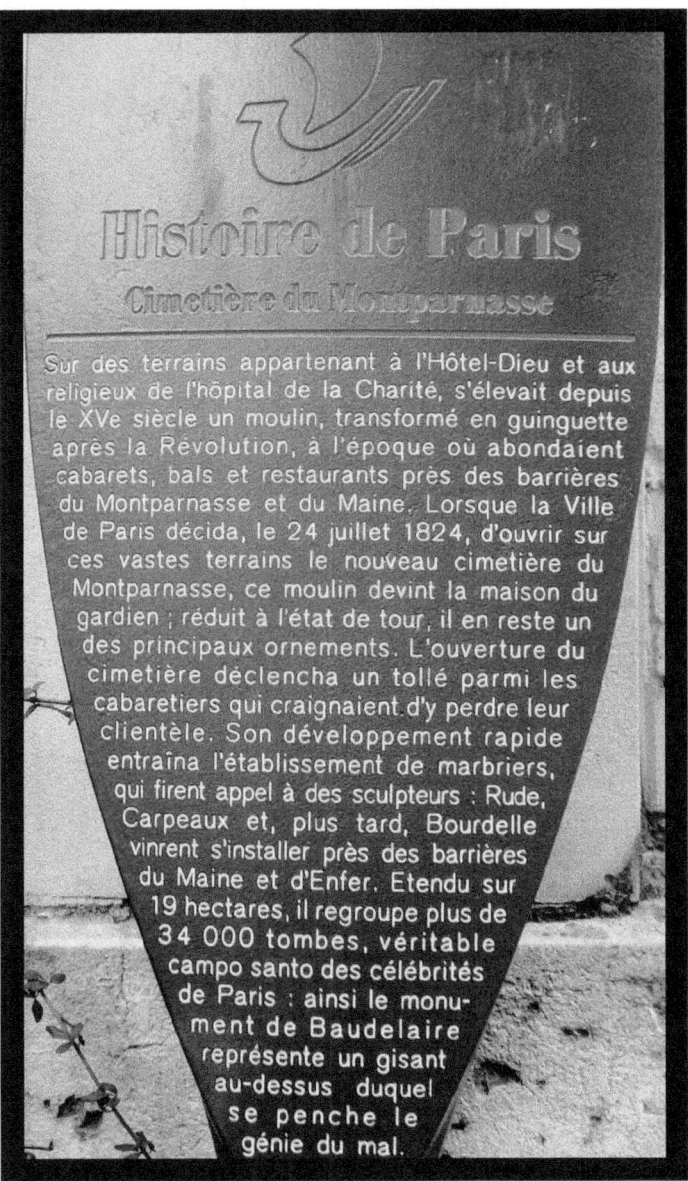

Histoire de Paris

Cimetière du Montparnasse

Sur des terrains appartenant à l'Hôtel-Dieu et aux religieux de l'hôpital de la Charité, s'élevait depuis le XVe siècle un moulin, transformé en guinguette après la Révolution, à l'époque où abondaient cabarets, bals et restaurants près des barrières du Montparnasse et du Maine. Lorsque la Ville de Paris décida, le 24 juillet 1824, d'ouvrir sur ces vastes terrains le nouveau cimetière du Montparnasse, ce moulin devint la maison du gardien ; réduit à l'état de tour, il en reste un des principaux ornements. L'ouverture du cimetière déclencha un tollé parmi les cabaretiers qui craignaient d'y perdre leur clientèle. Son développement rapide entraîna l'établissement de marbriers, qui firent appel à des sculpteurs : Rude, Carpeaux et, plus tard, Bourdelle vinrent s'installer près des barrières du Maine et d'Enfer. Etendu sur 19 hectares, il regroupe plus de 34 000 tombes, véritable campo santo des célébrités de Paris : ainsi le monument de Baudelaire représente un gisant au-dessus duquel se penche le génie du mal.

31. Französischer Engel

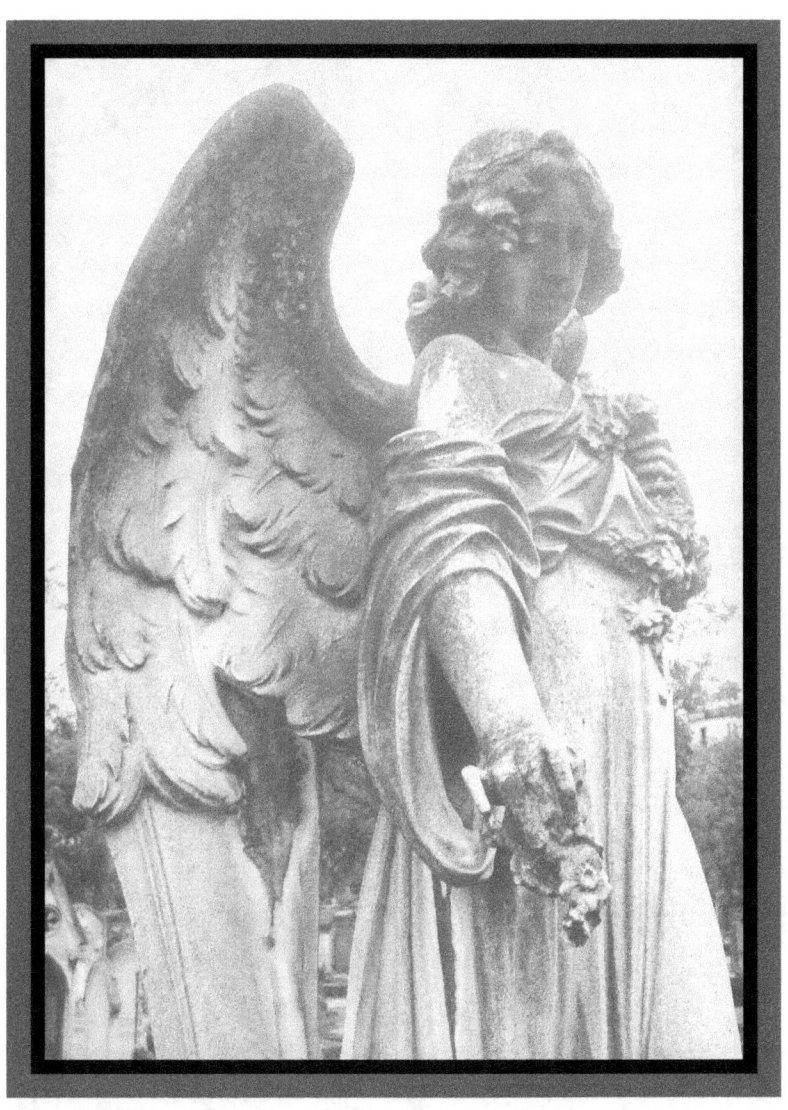

32. Französischer Engel

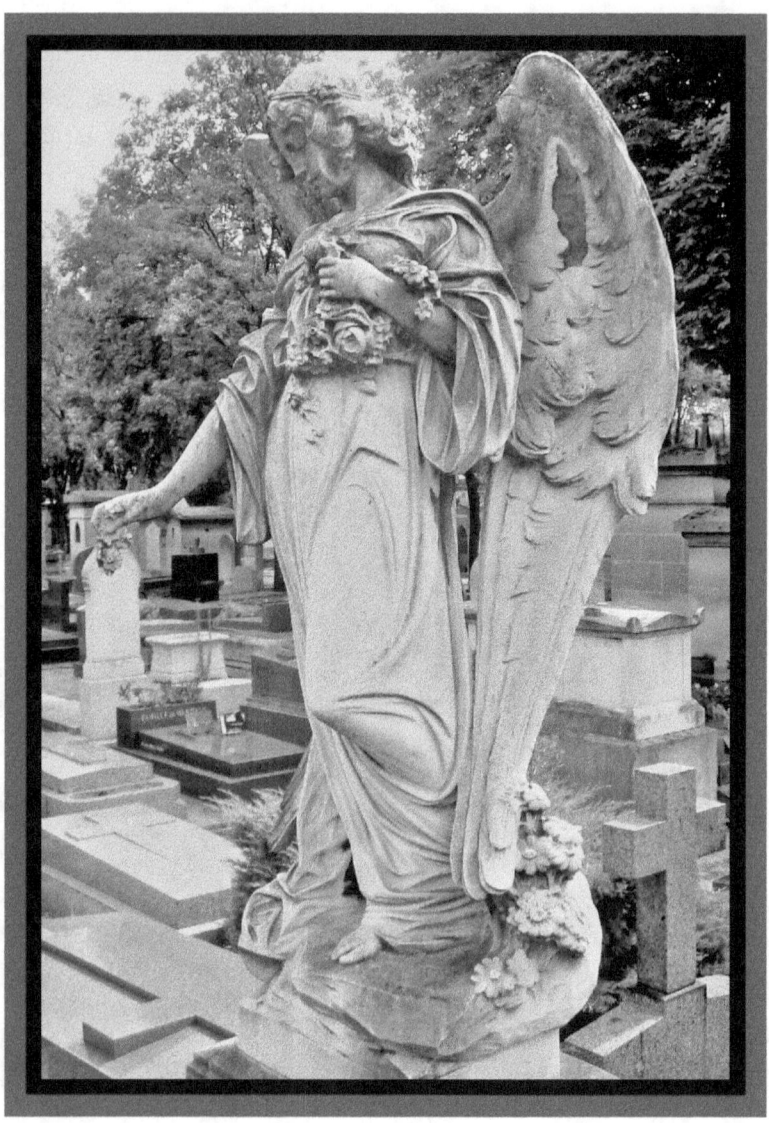

33. Französischer Engel

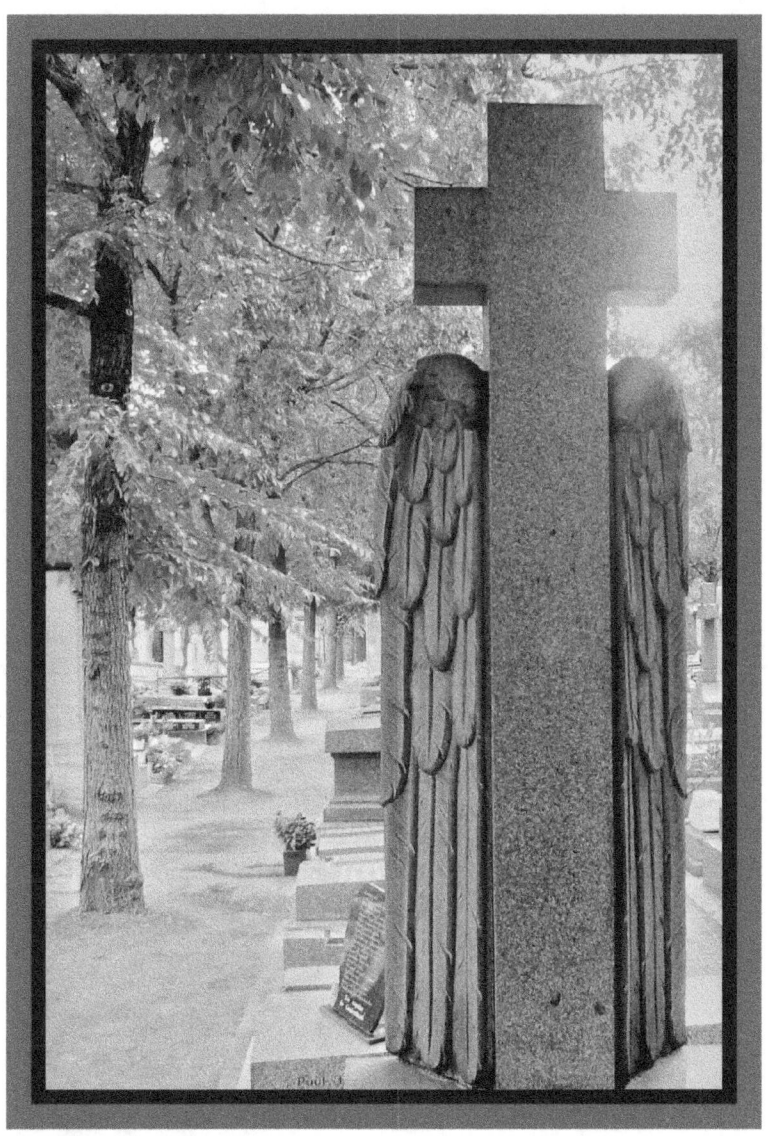

Paris – Père-Lachaise

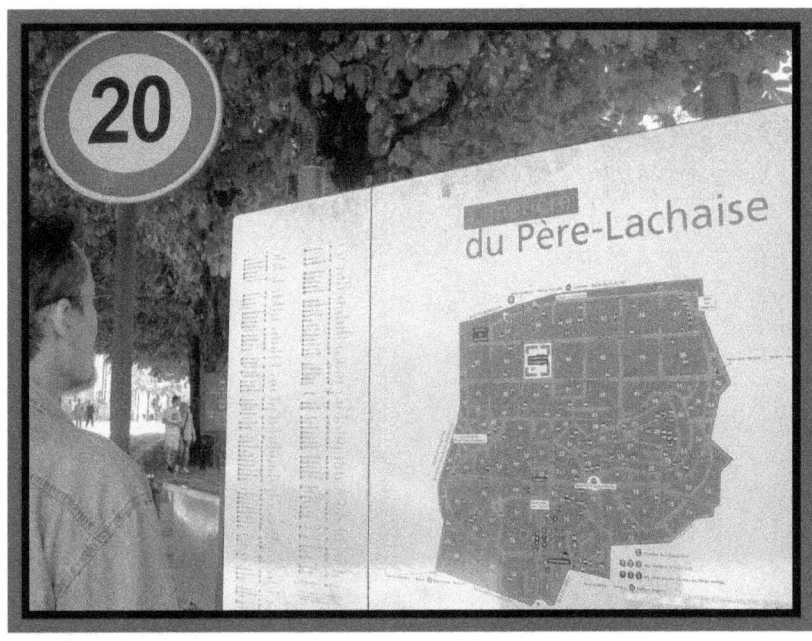

34. Französischer Engel

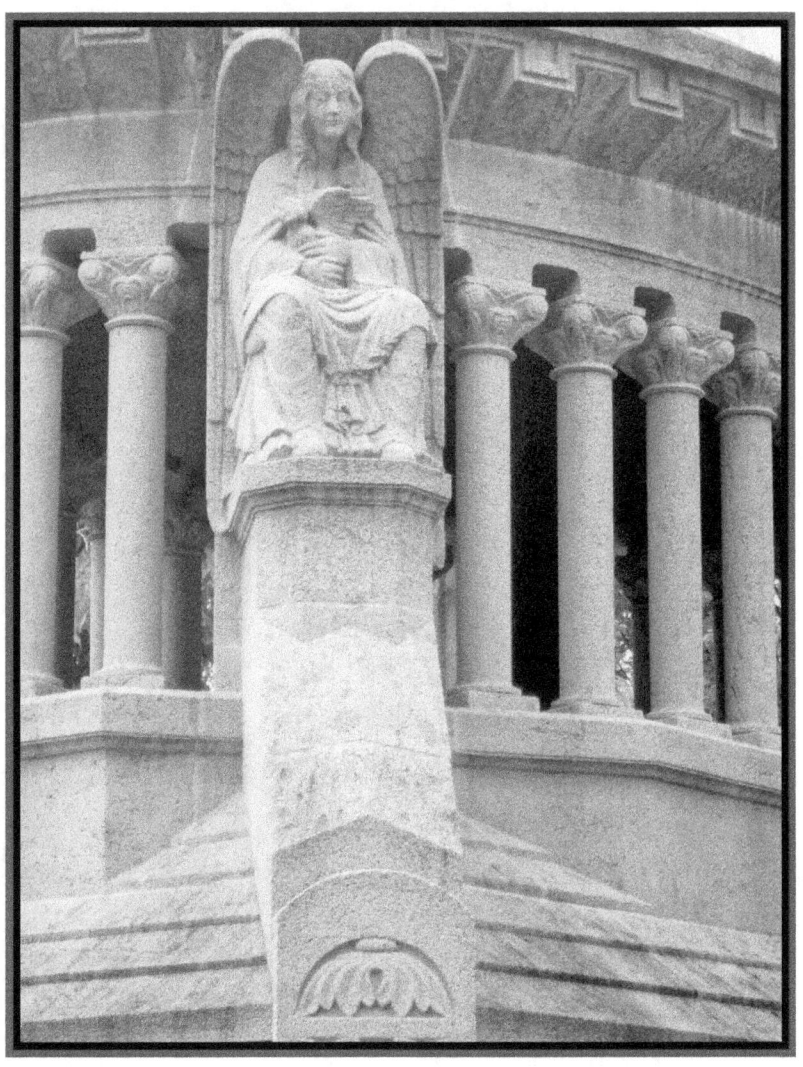

35. Französischer Engel

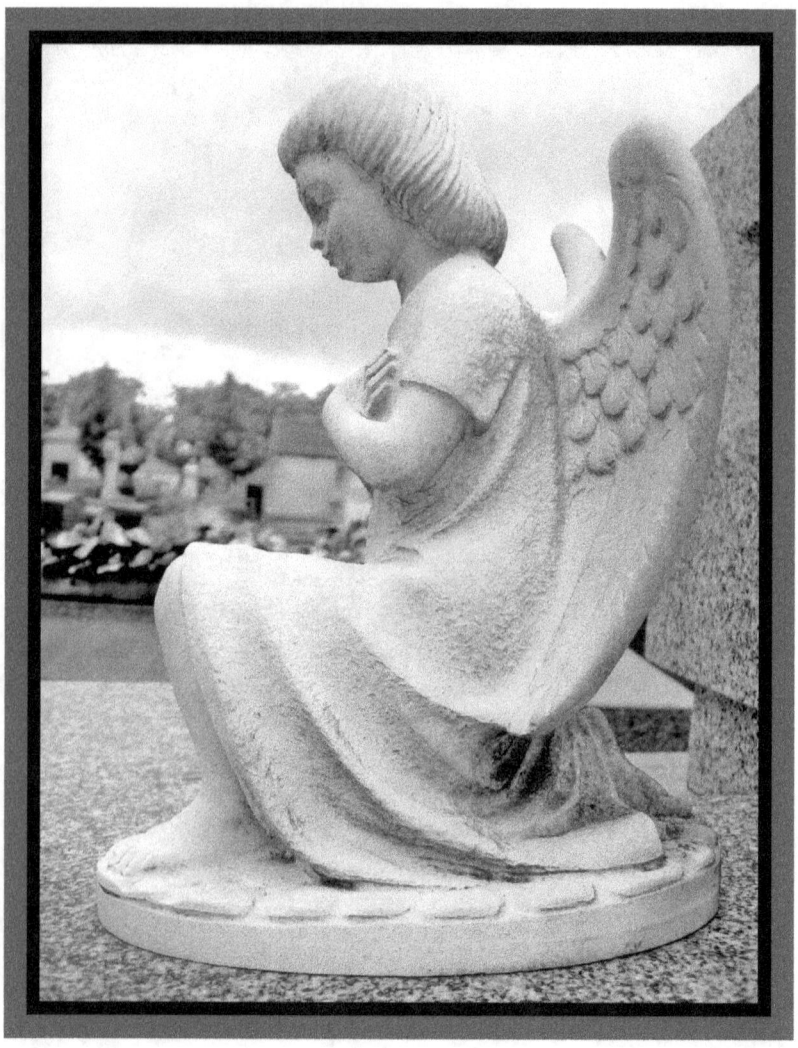

36. Französischer Engel

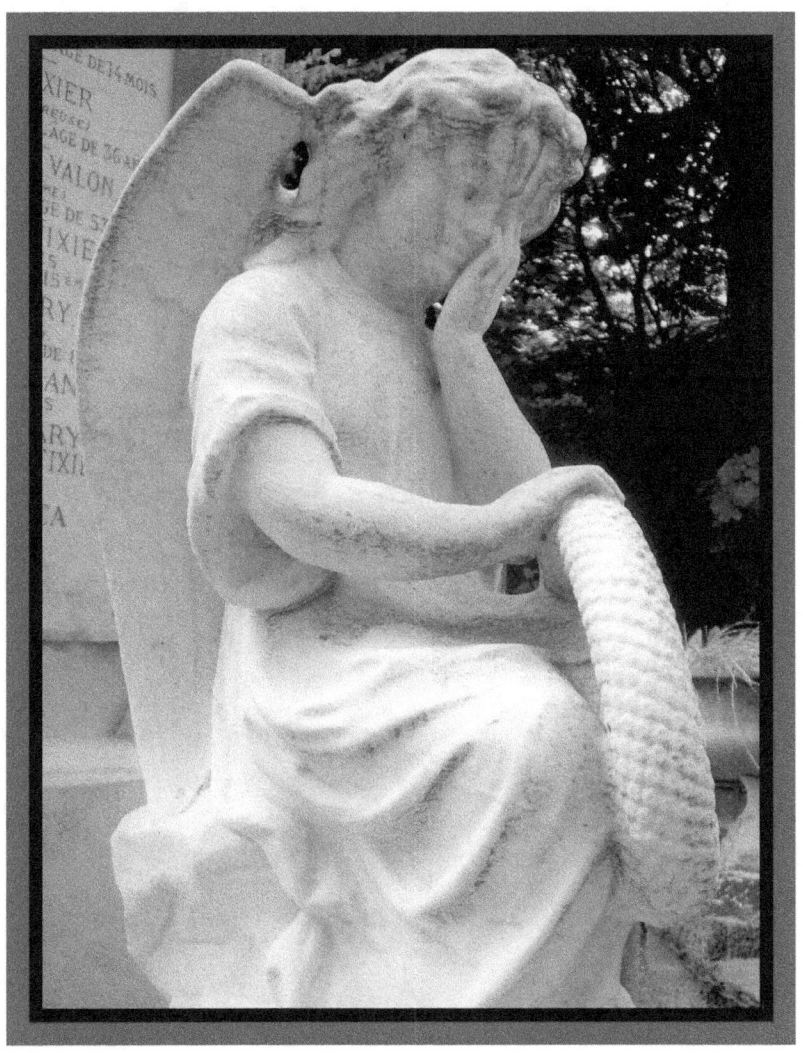

37. Französischer Engel

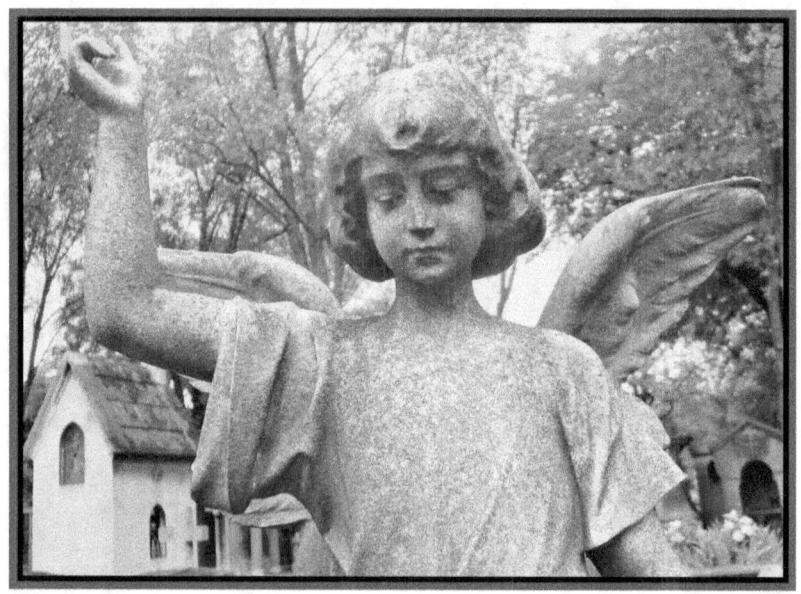

38. Französischer Engel

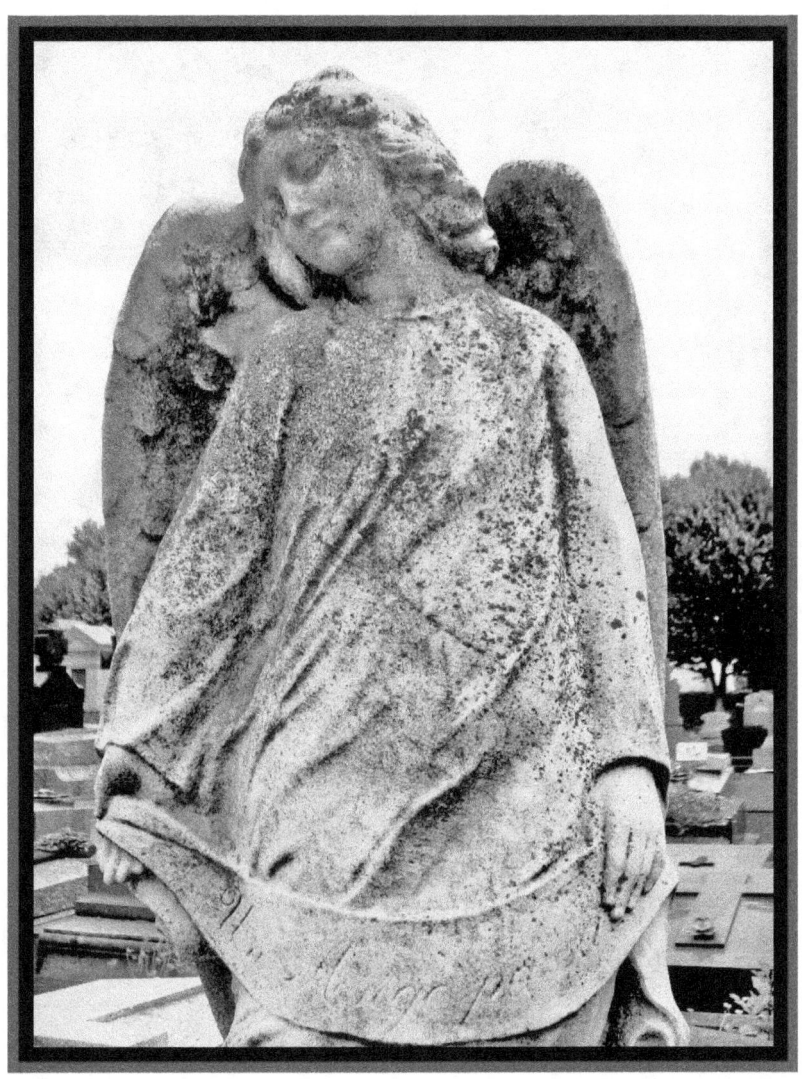

39. Französischer Engel

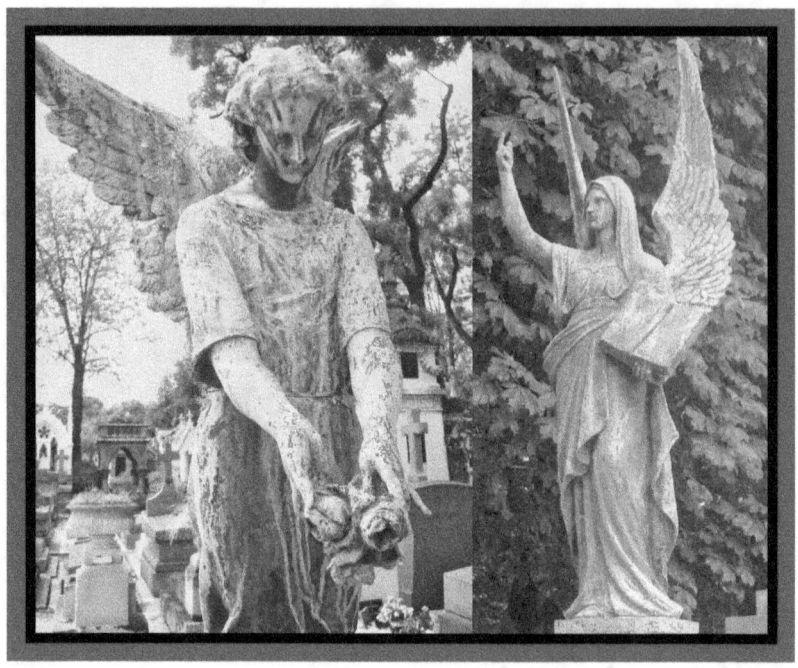

40. Französischer Engel

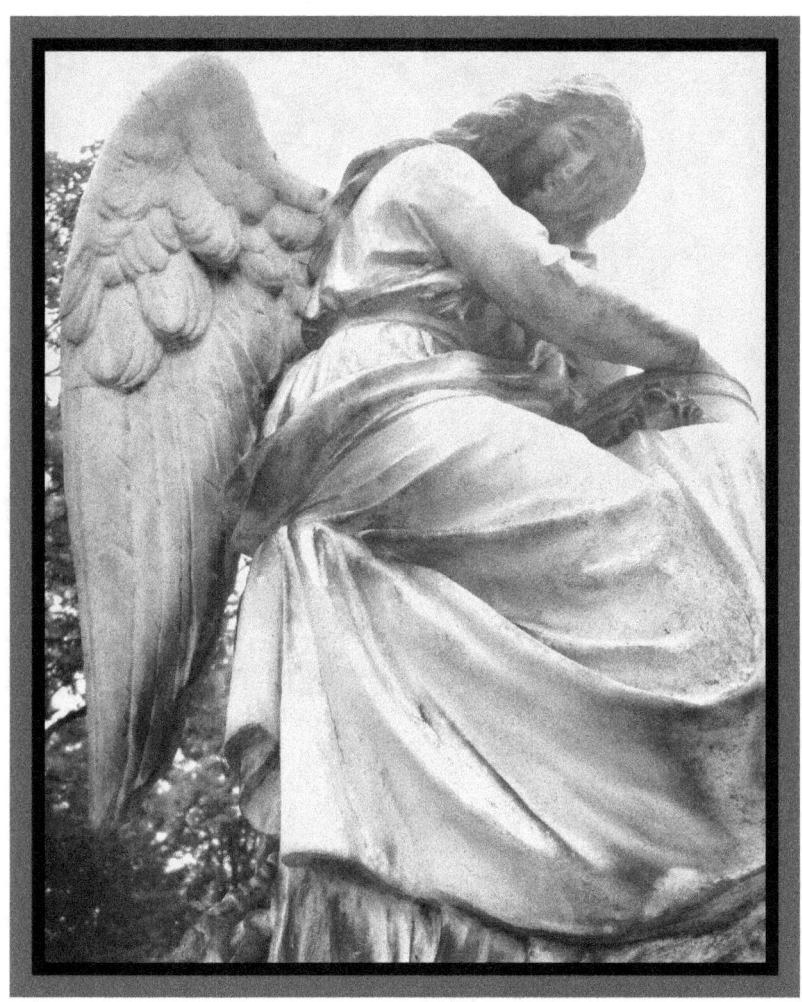

41. Französischer Engel

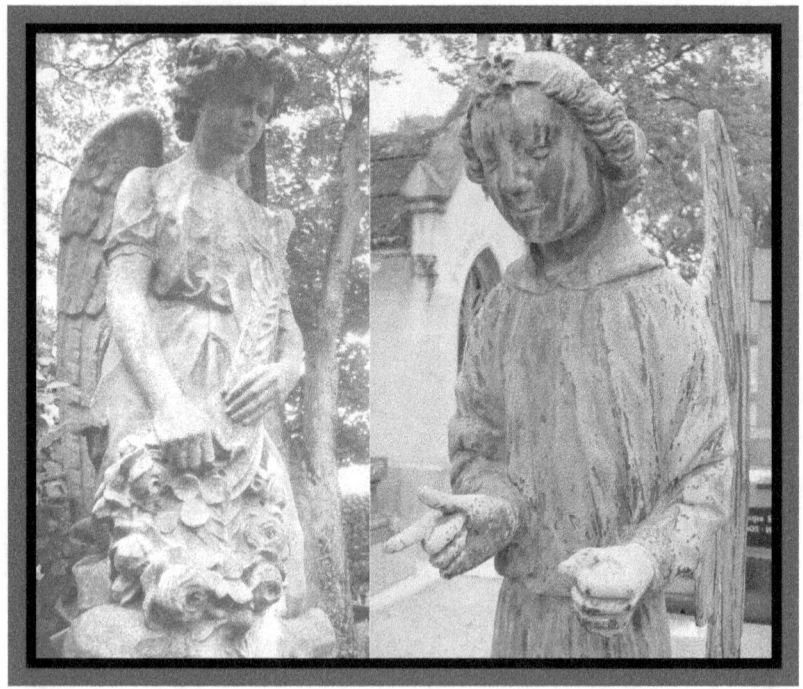

42. Französischer Engel

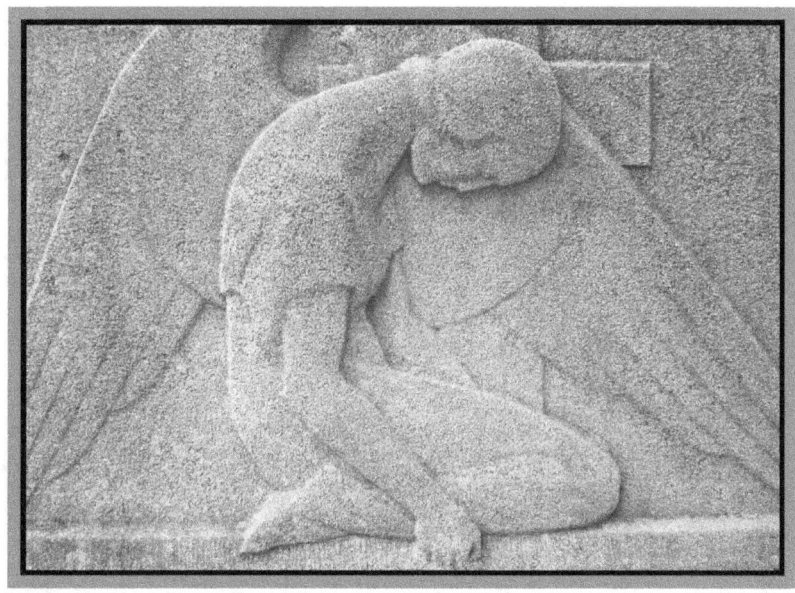

43. Französischer Engel

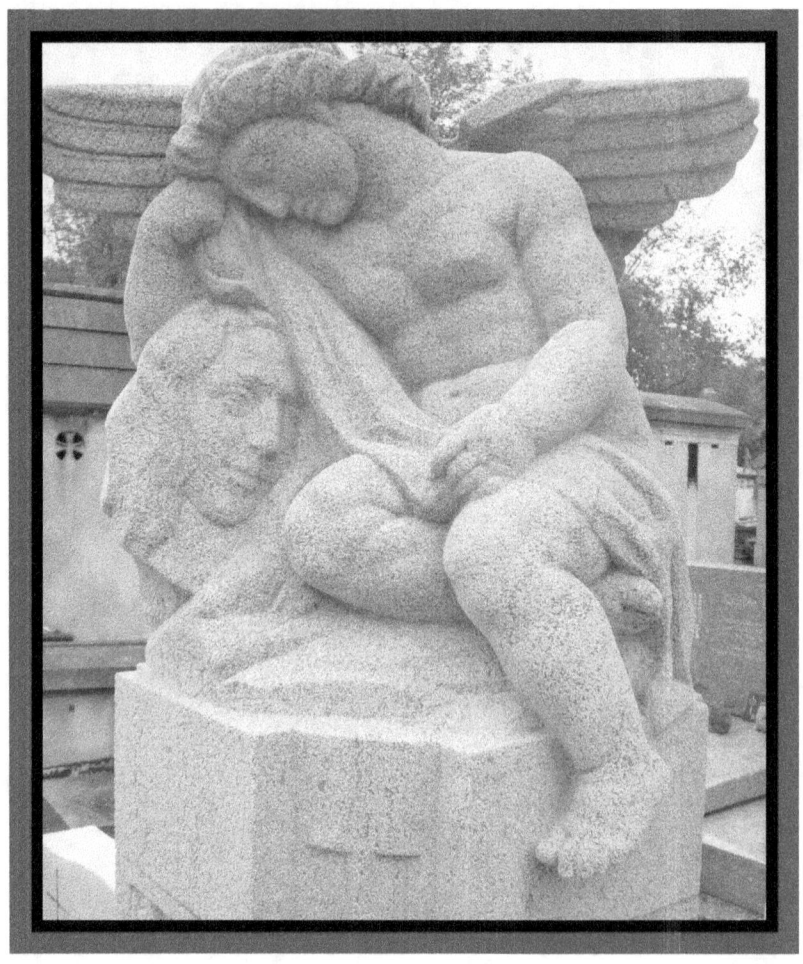

WIEN

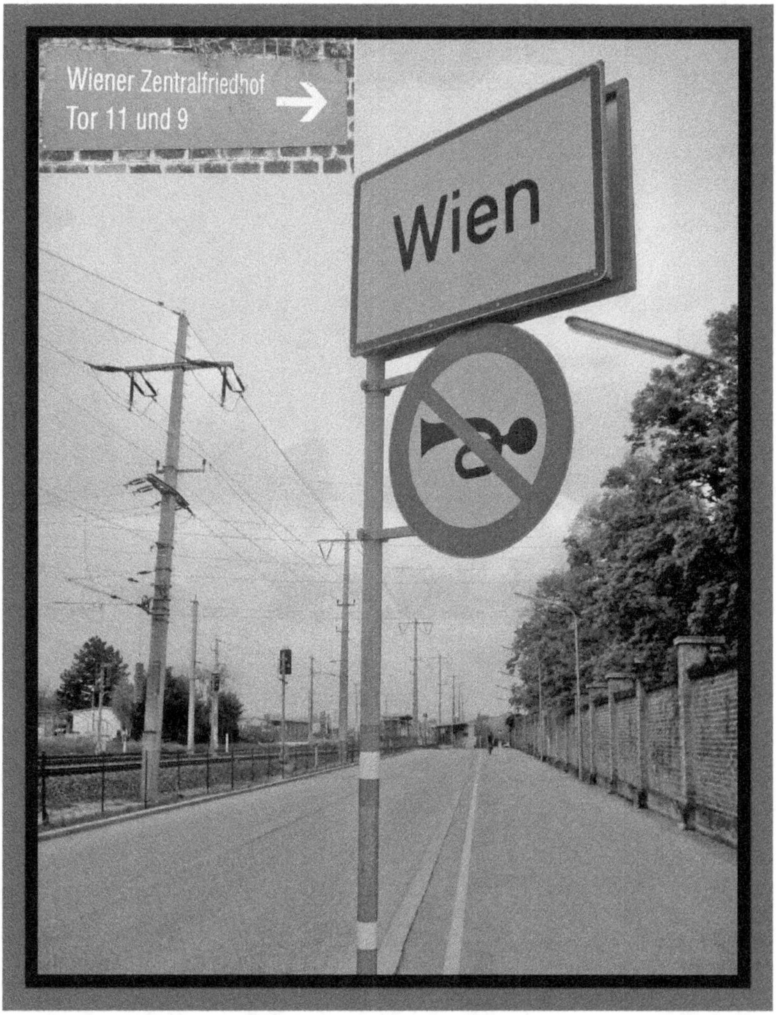

◆❖◆

44. Österreichischer Engel

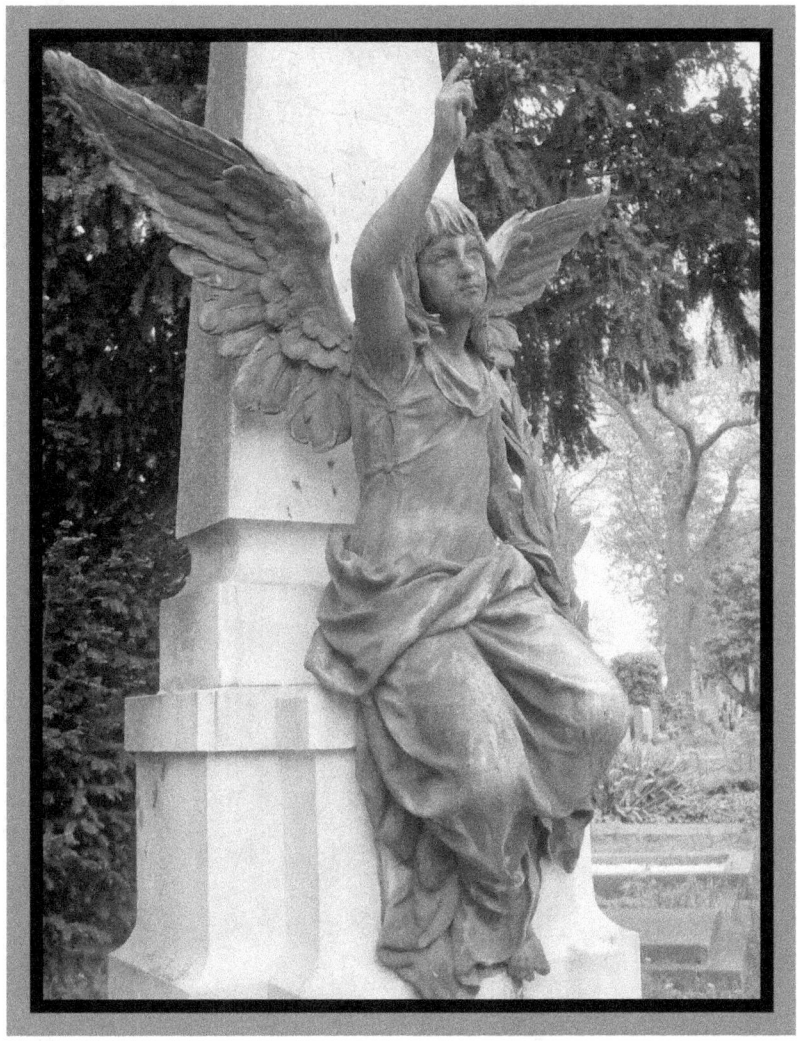

45. Österreichischer Engel

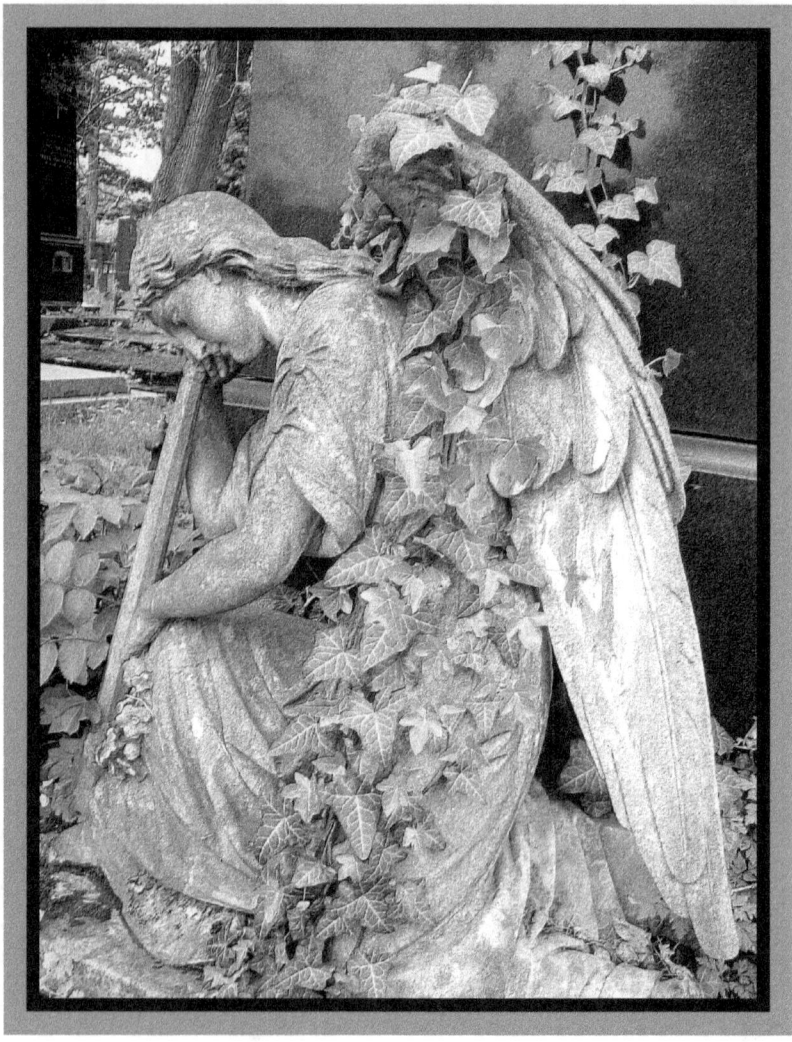

46. Österreichischer Engel

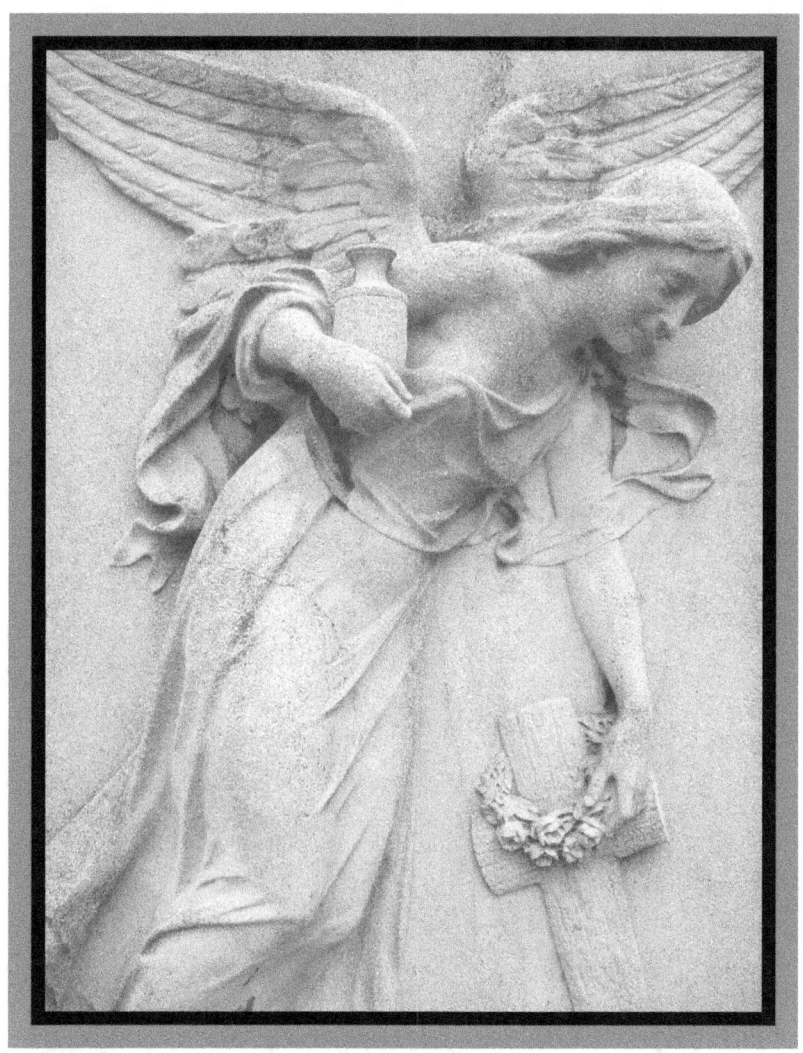

47. Österreichischer Engel

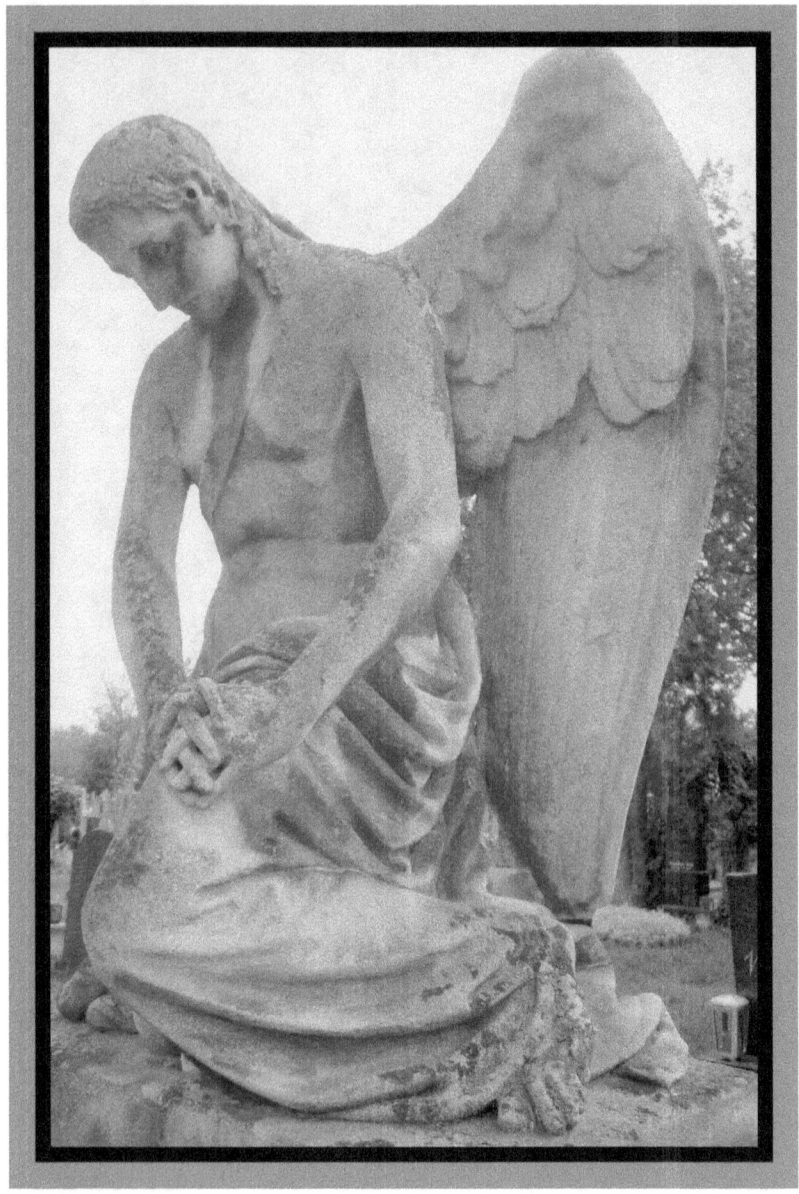

48. Österreichischer Engel

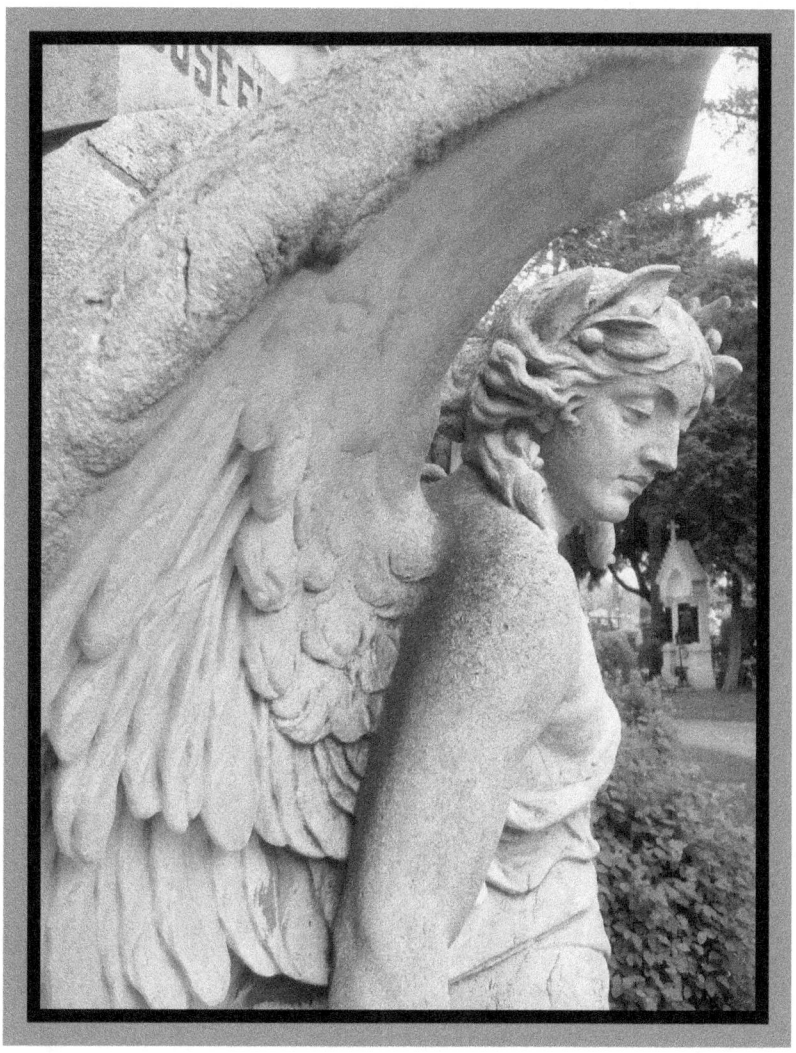

49. Österreichischer Engel

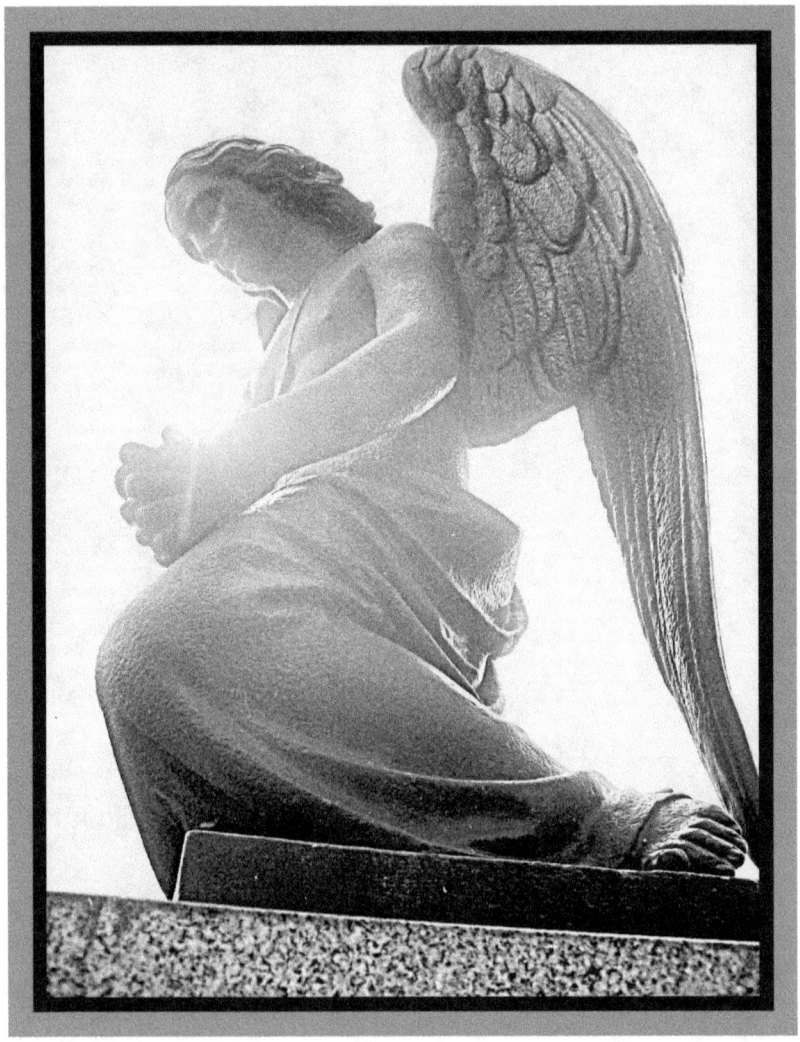

50. Österreichischer Engel

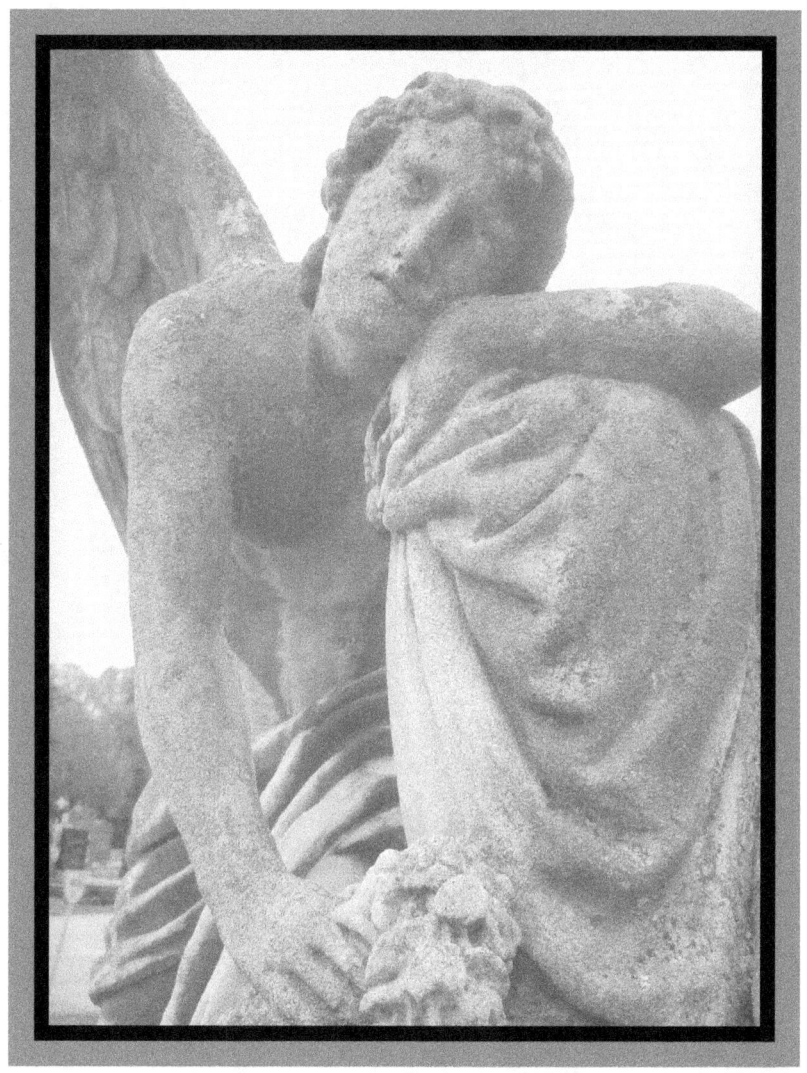

Mehr Engel in Büchern:

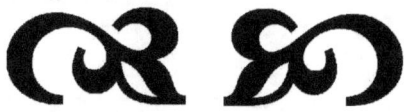

AUTOREN + TITEL
Diese sind natürlich nur ein paar ganz subjektive Empfehlungen. Jeder Mensch bevorzugt bekanntlich andere Titel + Autoren.

* *** *

Isolde Ohlbaum:

AUS LICHT UND SCHATTEN (Fotoband)

* *** *

Josef Mahlmeister:

ENGEL SIND DOOF   (zweisprachige Anthologie)

oder / und

DER KÖLNER FRIEDHOF MELATEN und
DER WIENER ZENTRALFRIEDHOF

(Fotoband + Geschichten)

* *** *

Erika Zander / Jörg Betz:

DER ALTE FRIEDHOF IN BONN (Information)

* *** *

Josef Mahlmeister lebt in Köln. Er arbeitet als Erzieher in einem Kindergarten.
Sein Anliegen beim Fotografieren ist es Schönes festzuhalten.
Um es damit vielleicht auch nach der Zerstörung noch zu erhalten!

Die vorliegenden Fotos wurden an einem etwas verrückt gestimmten Wochenende bearbeitet und hier erstmals veröffentlicht.
Die Idee zu diesem Band gab es jedoch schon lange.

Er liebt, sammelt und freut sich über Begegnungen mit schönen Dingen,
Engel und Lebewesen in jeder Form: Große und Kleine, Lebendige ebenso wie solch Wunderschöne aus Pflanzen und Steinen.

Es gibt noch weitere eBooks in Englischer Sprache und Bücher in **besonderer** Auswahl und in **gedruckter** Papier-Buchform.

Mehr darüber gibt es auf seiner Website:
www.palabros.de
oder direkt bei Amazon

* *** *

IN EIGENER SACHE:

Bitte entschuldigt, wenn das Layout noch nicht ganz perfekt ist. Es ist meine erste Fotoband-Publikation mit CreateSpace! – Danke! - Ich bemühe mich besser zu werden! - **Versprochen!**

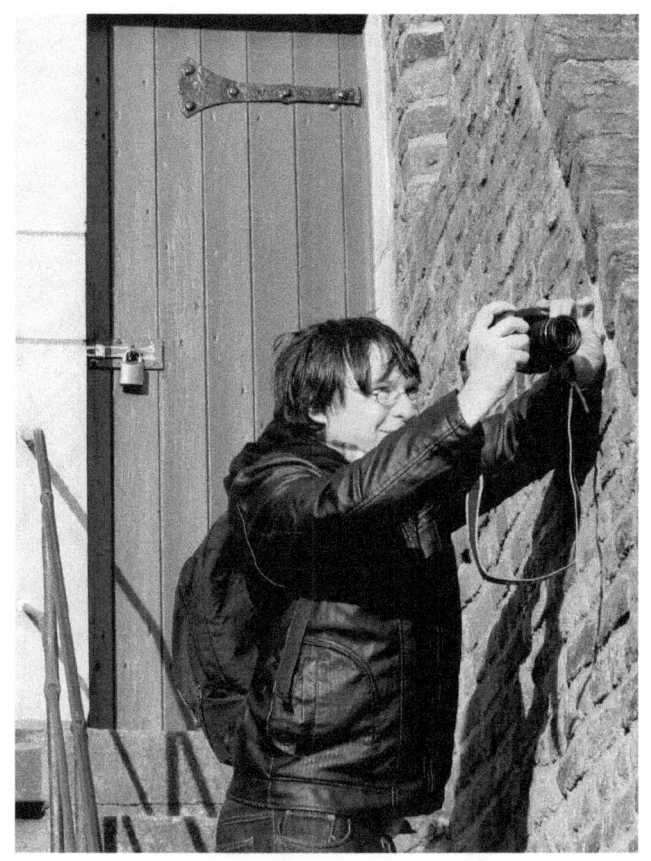

Photo: Ingo Krämer

www.ingramcontent.com/pod-product-compliance
Lightning Source LLC
Chambersburg PA
CBHW071756170526
45167CB00003B/1050